冷链物流运营管理

主 编 杨 清 吴立鸿
副主编 李建春

北京理工大学出版社
BEIJING INSTITUTE OF TECHNOLOGY PRESS

内 容 简 介

本书以冷链物流运营中的关键作业操作管理为重点,构建了冷链物流运营管理的完整体系,系统地阐述了冷库的运作与管理、冷链运输管理、冷链包装与流通加工管理、冷链配送运营管理、冷链物流企业成本管理、冷链物流温度监控、冷链物流企业营运与管理、生鲜冷链物流操作规范等内容。

本书可作为高职高专物流管理专业和相关专业的教材,也可以作为物流从业人员的参考书及物流工程技术和管理人员的培训用书。

版权专有　侵权必究

图书在版编目(CIP)数据

冷链物流运营管理/杨清,吴立鸿主编.—北京:北京理工大学出版社,2018.8(2022.1重印)

ISBN 978-7-5682-5115-0

Ⅰ.①冷… Ⅱ.①杨… ②吴… Ⅲ.①冷冻食品-物流管理 Ⅳ.①F252.8

中国版本图书馆CIP数据核字(2017)第319527号

出版发行 / 北京理工大学出版社有限责任公司
社　　址 / 北京市海淀区中关村南大街5号
邮　　编 / 100081
电　　话 / (010)68914775(总编室)
　　　　　 (010)82562903(教材售后服务热线)
　　　　　 (010)68944723(其他图书服务热线)
网　　址 / http://www.bitpress.com.cn
经　　销 / 全国各地新华书店
印　　刷 / 北京虎彩文化传播有限公司
开　　本 / 787毫米×1092毫米　1/16
印　　张 / 10
字　　数 / 230千字
版　　次 / 2018年8月第1版　2022年1月第4次印刷
定　　价 / 29.00元

责任编辑 / 王晓莉
文案编辑 / 黄丽萍
责任校对 / 周瑞红
责任印制 / 李　洋

图书出现印装质量问题,请拨打售后服务热线,本社负责调换

前　言

近年来，随着居民生活水平的提高和人们消费习惯的改变，以水产品、畜产品、果蔬及花卉为代表的冷链物流日渐趋热，市场对冷链物流的需求越来越大。冷链物流运营管理在冷链物流过程中发挥着控制冷链物流运营成本、提高冷链物流商品质量的关键作用。

本书从我国冷链物流高速发展对冷链物流高素质人才的需求出发，在借鉴我国现行的冷链物流相关标准和当前国内外优秀冷链物流企业运营管理方法和经验的基础上，从冷库的运作与管理、冷链运输管理、冷链包装与流通加工管理、冷链配送运营管理、冷链物流企业成本管理、冷链物流温度监控、冷链物流企业营运与管理、生鲜冷链物流操作规范阐述了冷链物流运营过程中所需的相关设施设备和冷链物流关键作业环节等方面的知识和技能。

同时，本着反映在"互联网＋"时代，冷链物流企业在运营中所应用的新知识、新技术、新理论和新标准的目的，本书在编写过程中力求使读者了解最新冷链物流运营管理理论、技术和方法。本教材的使用者不仅能充分了解生鲜农产品在冷链物流过程中的标准操作规范，而且还能学习到生鲜农产品在冷链物流的实际运营经验，提高自己对冷链物流运营管理的方法和能力。

本书是示范性特色专业及实训基地建设项目成果。在编写过程中，依托国家冷链物流研究中心这个研究平台和对知名冷链物流百强企业的多方调研，力求内容立足当今冷链物流运营管理实际情况，达到为冷链物流产业培养人才的目标。

本书由杨清、吴立鸿担任主编，李建春担任副主编，具体分工如下：杨清负责统稿，吴立鸿负责本书的内容设计，杨清编写第一、二、八章，吴立鸿编写第四、五章并参与编写六章，李建春编写第三章，苏慧参与编写第六章，余丽燕编写第七章。

本书在编写过程中参阅了大量的文献，借鉴了国内外同行专家的很多研究成果，得到了有关部门、学校领导、专家和老师的大力支持，在此一并致谢！

由于作者水平和编写时间的限制，本书难免有疏漏和错误之处，恳请读者批评指正。

编　者

目 录

第一章 冷库的运作与管理 ………………………………………………… (1)
  第一节 冷库的分类及组成 ………………………………………………… (1)
    一、冷库的类型 ………………………………………………………… (2)
    二、冷库的组成 ………………………………………………………… (3)
    三、冷库行业现状 ……………………………………………………… (7)
    四、目前主要存在的问题 ……………………………………………… (9)
    五、发展趋势 …………………………………………………………… (10)
  第二节 冷加工能力和冷间容量 …………………………………………… (10)
    一、冷加工能力 ………………………………………………………… (11)
    二、冷藏间和冰库的容量 ……………………………………………… (11)
    三、冷负荷计算 ………………………………………………………… (13)
  第三节 气调库 ……………………………………………………………… (14)
    一、气调贮藏原理 ……………………………………………………… (14)
    二、气调贮藏的优点 …………………………………………………… (15)
    三、气调贮藏的方式 …………………………………………………… (16)
    四、气调库的特点和类型 ……………………………………………… (16)
    五、气调库的构造 ……………………………………………………… (17)
    六、气调库的操作管理 ………………………………………………… (22)
    七、气调设备和库房的管理 …………………………………………… (23)
    八、气调库的安全运行管理 …………………………………………… (23)
  第四节 冷库的运营管理 …………………………………………………… (23)
    一、库房操作管理 ……………………………………………………… (24)
    二、库房卫生管理 ……………………………………………………… (29)
    三、冷库节能与科学管理 ……………………………………………… (30)

第二章 冷链运输管理 ………………………………………………………… (41)
  第一节 冷藏运输工具 ……………………………………………………… (41)

一、对冷藏运输设备的要求 …………………………………………………… (41)
　　二、冷藏汽车 ……………………………………………………………………… (42)
　　三、铁路冷藏车 …………………………………………………………………… (44)
　　四、冷藏船 ………………………………………………………………………… (46)
　　五、冷藏集装箱 …………………………………………………………………… (47)
　第二节　冷藏货物运输操作 ………………………………………………………… (49)
　　一、冷链运输作业要求 …………………………………………………………… (49)
　　二、冷藏车使用要点 ……………………………………………………………… (50)
　第三节　冷藏运输管理 ……………………………………………………………… (52)
　　一、冷链运输车辆的选择 ………………………………………………………… (52)
　　二、冷链合理运输与配载 ………………………………………………………… (53)
　　三、冷链运输温度控制与记录 …………………………………………………… (54)
　　四、低温物流车辆排程及路线管理 ……………………………………………… (55)

第三章　冷链包装与流通加工管理 ……………………………………………… (59)
　第一节　冷链包装要求 ……………………………………………………………… (59)
　　一、冷链包装的概念 ……………………………………………………………… (59)
　　二、冷链包装的要求 ……………………………………………………………… (60)
　　三、包装在冷链物流中的功能 …………………………………………………… (60)
　第二节　冷链包装材料与包装方法 ………………………………………………… (61)
　　一、果蔬保鲜包装 ………………………………………………………………… (61)
　　二、鲜切蔬菜包装 ………………………………………………………………… (62)
　　三、生鲜肉制品包装 ……………………………………………………………… (64)
　　四、生鲜水产品包装 ……………………………………………………………… (65)

第四章　冷链配送运营管理 ………………………………………………………… (69)
　第一节　冷链物流配送现状与发展趋势 …………………………………………… (69)
　　一、冷链配送的基本概念 ………………………………………………………… (69)
　　二、冷链配送的特点 ……………………………………………………………… (69)
　　三、冷链配送的模式 ……………………………………………………………… (70)
　　四、冷链配送的现状 ……………………………………………………………… (72)
　　五、冷链配送的发展趋势 ………………………………………………………… (73)
　第二节　冷链物流配送中心规范管理 ……………………………………………… (74)
　　一、冷链物流配送中心的概念 …………………………………………………… (74)
　　二、冷链物流配送中心的作用 …………………………………………………… (74)
　　三、冷链物流配送中心的选址 …………………………………………………… (75)
　　四、冷链物流配送中心的作业规范 ……………………………………………… (77)
　第三节　冷链物流共同配送技术与管理 …………………………………………… (80)
　　一、低温共同配送 ………………………………………………………………… (80)
　　二、多温共同配送 ………………………………………………………………… (83)

第五章 冷链物流成本管理 (87)
第一节 冷链物流成本的概念、分类及特点 (87)
一、冷链物流成本的基本概念 (87)
二、冷链物流成本的分类 (87)
三、冷链物流成本的特点 (88)
第二节 冷链物流成本的核算 (90)
一、冷链物流成本核算模式 (90)
二、冷链物流成本核算模式标准 (90)
三、冷链物流成本核算模式的适应形式 (90)
四、冷链物流成本核算的准备工作 (91)
五、冷链物流成本核算思路 (91)
六、冷链物流成本核算的账户设置 (92)
第三节 冷链物流成本控制 (94)
一、物流成本控制的概念 (94)
二、冷链物流成本控制的原则及方法 (94)
三、我国冷链物流成本较高的原因 (94)
四、冷链物流成本控制存在的问题 (95)
五、冷链物流成本控制策略 (96)

第六章 冷链物流温度监控 (99)
第一节 冷链物流温度监控概述 (99)
一、冷链物流温度监控的概念 (99)
二、冷链物流温控技术发展的必要性 (99)
三、我国温控物流的发展现状 (100)
四、我国与国外温控技术应用对比 (101)
五、温控技术的前景 (101)
第二节 冷链物流温度监控技术与应用 (102)
一、温控技术在冷链日常物流中的应用 (102)
二、结合新技术的温控技术应用 (103)
第三节 冷链运输管理温度监控系统范例 (106)
一、系统的组成和功能 (107)
二、系统技术方案 (107)

第七章 冷链物流企业营运与管理 (111)
第一节 冷链物流企业的运作 (111)
一、冷链商品及物流企业运作模式 (111)
二、冷链物流企业运作模式比较 (115)
第二节 冷链物流市场营销 (116)
一、冷链物流市场 (116)
二、冷链物流市场调查与预测 (118)

三、冷链物流市场定位 …………………………………………………………… (121)
　　四、冷链物流营销策略 …………………………………………………………… (123)
　第三节　物流及冷链物流质量管理 ………………………………………………… (124)
　　一、物流质量管理 ………………………………………………………………… (124)
　　二、冷链物流质量管理 …………………………………………………………… (126)

第八章　生鲜冷链物流操作规范 …………………………………………………… (132)
　第一节　肉与肉制品冷链物流操作规范 …………………………………………… (132)
　　一、肉与肉制品冷链物流的基本概念 …………………………………………… (132)
　　二、肉与肉制品冷链物流操作的基本原则 ……………………………………… (133)
　　三、肉与肉制品冷链物流操作的基本要求 ……………………………………… (133)
　　四、肉与肉制品冷链物流操作的流程 …………………………………………… (134)
　第二节　果蔬冷链物流操作规范 …………………………………………………… (135)
　　一、果蔬冷链物流的概念 ………………………………………………………… (135)
　　二、货品包装与标识 ……………………………………………………………… (135)
　　三、储存 …………………………………………………………………………… (136)
　　四、运输 …………………………………………………………………………… (137)
　　五、展售 …………………………………………………………………………… (139)
　第三节　水产品冷链物流操作 ……………………………………………………… (139)
　　一、水产品冷链物流的概念 ……………………………………………………… (139)
　　二、货品包装与标识 ……………………………………………………………… (139)
　　三、储存 …………………………………………………………………………… (140)
　　四、运输 …………………………………………………………………………… (141)
　　五、展售 …………………………………………………………………………… (142)

第一章

冷库的运作与管理

知识目标

掌握冷库的简单构造；
了解冷库的分类及组成；
掌握气调库、冷库的结构、组成和安装过程。

技能目标

能准确地掌握冷库的构造；
能够熟练进行气调库冷链低温配送技术操作。

职业能力目标

具有吃苦耐劳、刻苦钻研、团结协作的优秀品质；
具有规范及安全操作的能力；
具有灵活运用所学知识解决实际问题的能力。

第一节 冷库的分类及组成

冷库是冷藏库的简称。冷藏库又称冷冻厂，是以人工制冷方法专门加工和冷藏食品的企业的总称。它包括冷藏间（库房）、冷却间、冻结间、制冰间、冰库、冷冻机房、变电站、屠宰或理鱼加工车间、锅炉房、一般仓库、行政办公房及装卸货月台等。狭义的冷藏库仅指能提供低温条件的食品仓库。冷库的功能是对易腐食品进行冷加工和低温贮存。冷库的特征是"内冷外热温差大，库容吞吐量大，投资和能耗大"。冷库是国家经济的五大库（金库、粮库、棉库、油库、冷库）之一，与国民经济和人民生活密切相关。因此，无论是冷库的设计、施工、生产还是管理，都要给予极大的重视。

一、冷库的类型

(一) 按冷库的使用性质分类

1. 生产性冷库

生产性冷库一般建在货源产地或货源集中地,货源或以鱼为主,或以肉为主,或两者兼有;也有的以蔬菜、果品或蛋类为主。前者多为低温库,后者多为高温库。

它的特点是易腐食品先经过适当的加工,再进行冷却、冻结加工,经过短期贮存后,发往销售地区。其生产能力大,并配有一定容量的周转性冷库及一定运输能力的车辆和船舶。

2. 分配性冷库

分配性冷库一般建在大中型城市、港口、车站及人口密集区域,作为当地食品供应、运输中转和贮备食品之用。

它的特点是冻结能力小,库容量大。许多大城市近郊建有双重性冷库,这种冷库既有生产性功能,又有分配性功能。这是因为大城市郊区具有一定的货源,同时交通又发达,可从外地调进货源。

3. 生活服务性冷库

生活服务性冷库一般建在菜场、宾馆、饭店及厂矿等单位,主要为生活需要或经营需要贮存食品。其特点是容量小,贮存期短。

(二) 按冷库的库容量分类

1. 大型冷库

大型冷库是指库容量为 3 000～10 000 t 及更大型的冷库。

2. 中型冷库

中型冷库是指库容量为 1 000～3 000 t 的冷库。

3. 小型冷库

小型冷库是指库容量为 250～1 000 t 的冷库。

(三) 其他分类法

还可根据冷库自身的用途、结构、贮藏商品种类等特点对冷库进行分类。详细分类见表 1-1。

表 1-1　冷库分类

分类方式	类型
按冷库围护结构形式	土建式冷库、装配式冷库、移动式冷库
按库温范围和温度要求	高温冷库（冷却物冷库） 低温冷库（冻结物冷库） 变温冷库
按冷库的用途	原料冷库、生产性冷库、分配性冷库和生活服务性冷库,后者包括各类商业用冷库（含冷藏柜和陈列柜等）
按冷加工功能	冷却库、冷却物冷藏库、冻结库、冻结物冷藏库、解冻库、制冷间、贮冰库、气调库等
按贮藏商品种类	肉类冷库、水产冷库、蛋品冷库、果蔬冷库、冷饮品冷库、药物和生物制品冷库,以及粮食、棉花和花卉等冷库

注:上述各库的组成库房也称冷间。

二、冷库的组成

1. 冷库的建筑总平面布置

冷库实际上是一个以主库为中心的建筑群，它由主库、生产设施和附属建筑组成。其建筑组成大致分为：生产区、原料区、行政生活区、隔离区等。生产性冷库的总平面布置见图1-1，建筑物组成区划分见表1-2。

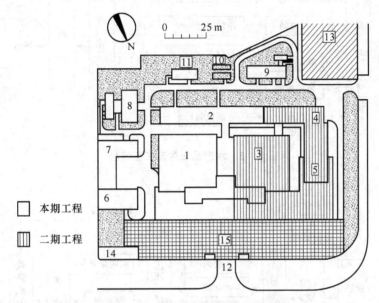

图1-1 某生产性冷库的总平面布置

1—高温冷库；2—机房；3—低温冷库；4—制冰、贮冰；5—冻结间、理鱼间；6—办公、仓库；
7—机修、车库；8—食堂；9—浴室、锅炉房；10—循环泵房；11—木工房；12—传达、业务办公；
13—职工生活区；14—商店；15—停车场

表1-2 生产性冷库库区划分表

类　别	组　成　部　分
生产区	冷库、单独建造的冻结间、机房、制冰间、冰库、变配电间、工人休息室、烘衣更衣室、铁路专用线、水塔、冷却水池、机修间、洗衣间、仓库等； 整理间（蛋品、果蔬）、理鱼间（水产）、候宰间、屠宰车间、副产品加工间、复制间、分割肉间、化验室、锅炉房、水泵房等
原料区	码头、卸鱼场、卸猪站台、验收分级栏、饲养栏、断食栏、喂食栏、病猪栏、饲料仓库、煮饲料间、动物饲料加工间等
行政生活区	办公楼、医务室、食堂、浴室、集体宿舍、家属宿舍、招待所、托儿所、哺乳室、厕所、自行车棚等
隔离区	危险品仓库（氨库或汽油库）、汽车库、急宰间、工业油加工间、皮毛晒场、污水处理场等

注：分配性冷库的区划可按上表除去有关屠宰的建筑物。

冷库的建筑总平面布置首先要满足生产工艺的需要，保证生产流程的连续性和合理性，应把所有建筑物、道路、管线等按生产流程进行组合，尽量避免作业线的交叉和迂回运输。具体地说，就是要满足冷冻食品生产和贮藏的工艺要求，并从便利原料和产品的运输出发，合理布置各车间和库房的相对位置。

水产品、肉类和禽类冷生产的工艺流程如图1-2、图1-3和图1-4所示。

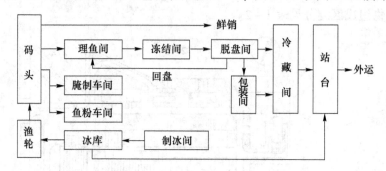

图1-2 水产品冷生产工艺流程

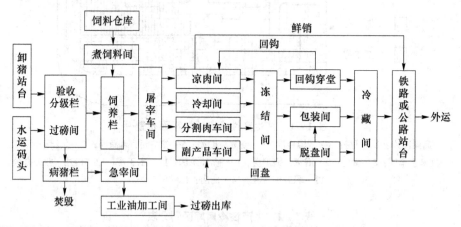

图1-3 肉类冷生产工艺流程

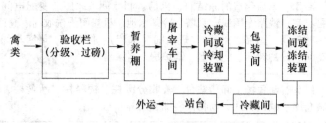

图1-4 禽类冷生产工艺流程

2. 冷库的建筑形式

我国冷库的建筑形式大致有两类：一类是较大跨度的单层冷库，另一类是适当跨度的多层冷库，如图1-5和图1-6所示。为了节约用地，大中型分配性冷库宜采用多层建筑。生产性冷库或综合性冷库的建筑层数应根据生产流程的方向来确定，如竖向布置则应采用多层建筑，如水平布置则采用单层建筑。小型冷库及货物进出频繁的中型冷库均宜采用单层建筑。

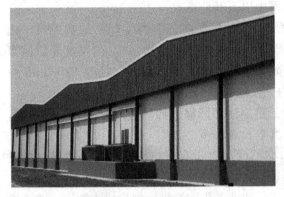

图 1-5 单层冷库

图 1-6 多层冷库

由于冷藏食品大部分采用标准容器包装，适合于搬运和库内堆垛工作的完全机械化，因此单层冷库的建造趋广泛。单层冷库的层高大多为 6~15 m。在冷库建筑中，2~3 层的建筑是不适宜的，因为对二层以上的冷库，货物垂直运输要装电梯，但电梯的利用率很低，在投资和设备利用上不经济。由于冷库的动荷负很大，7 层以上的冷库要大大增加基础投资，造价高，同时垂直运输量也增加，因此多层冷库以 4~6 层为宜。同时，冷库主体建筑的形状接近于立方体，可以减少外围护结构的表面积，节省投资。单层和多层冷库的比较见表 1-3。

表 1-3 单层和多层冷库的优缺点比较

项目	单层冷库	多层冷库
优点	① 货物进出方便，便于迅速吞吐。 ② 易于实现装卸运输的机械化和自动化。 ③ 基础处理比较简单，地坪承载能力大，库房净高可达 10 m 以上，提高了单位面积的载货量。 ④ 能采用较大的跨度，可减少柱子所占面积，提高了建筑面积利用系数。 ⑤ 建筑和结构比较简单，柱网布置灵活，可采用预制装配式构件，施工方便，投产快	① 占地面积少，能节约用地。 ② 在库容量相同的条件下，其外围护结构的表面积比单层冷库小，这样可以减少耗冷量，降低食品的干耗，机器设备费用和经营管理费用也相应减少；同时，由于节省了隔热材料，单位面积的土建造价低，投资费用较小。 ③ 能合理利用多层位置，如地下室可用作冷却物冷藏间，屋顶阁楼层可建成制冰间等
缺点	① 占地面积大。 ② 冷库外围护结构的表面积大，故隔热材料用量较多，耗冷量和食品的干耗也较大。 ③ 对于低温库房，地坪防冻处理的工程量大；当冷库建在地下水位高的地方时，若处理不当，容易造成地坪冻胀	① 库房垂直运输量大，货物进出等各操作的管理都不如单层冷库方便。 ② 楼层高度受楼板荷载能力的限制，各冷间的容积利用率低。 ③ 多层冷库建在地耐力较差的地基上时，基础施工复杂，造价较大。 ④ 采用预制装配式构件时，需用较大的施工设备，施工期较长

3. 主库的分区及基本单元

主库是冷库的主体，可按生产加工工艺和需要的商品冷加工工艺的要求，包括生产加工区、贮藏区、进出货及其操作区。这三个区域可由以下部分组成：

(1) 冷却间。它是冷却畜肉类或果品蔬菜等产品的场所。畜肉类冷却间的功能是：把屠宰加工后的胴体或分割制品，在规定的时间内冷却至 $0 \sim 4 \ ℃$，然后贮存或直接供应市场。这种冷却又分为缓慢冷却和快速冷却。前者是在 $-2 \ ℃$ 的库房内，经过 $12 \sim 20 \ h$ 冷却到 $0 \sim 4 \ ℃$；后者是在 $-7 \sim -25 \ ℃$ 的库房内，仅经 $0.5 \sim 8 \ h$ 冷却至 $0 \sim 4 \ ℃$。

果蔬冷却间是把采摘和收获的果蔬整理后，迅速冷却降温，然后进库贮藏或进入市场。果蔬冷却的方式有水冷式、风冷式、差压式和真空式冷却等。

(2) 冻结间。它是用来冻结食品的场所。冻结间可以是有隔热围护结构的建筑物内设的冻结设备，也可以是带有隔热设施的冻结装置。常见的冻结间有搁架式冻结间和风冻间。冻结装置除了平板冻结机外，大多采用连续冻结，如流态化冻结机、螺旋式冻结机、隧道式冻结机、液氮冻结机等。其冻结方式有风冻式、接触式、半接触式、浸渍式和喷淋式等。

(3) 制冰间和冰库。制冰间的建筑不同于冷库，建筑物本身一般不需要隔热，但制冰设备需要隔热设施。如盐水制冰的制冰池，其四周和底部均需设隔热层，顶部要加木盖。管冰机和颗粒冰机的蒸发器也应隔热。片冰机和板冰机的周围应设置隔热板。

冰库又称贮冰间。冰库的建筑一般和冷却物冷藏间相同。通常冰库的冷却系统接入 $-15 \ ℃$ 的蒸发温度系统，以保持冰库 $-4 \sim -10 \ ℃$ 的库温。冰库的围护结构应做隔热处理。冰库一般采用光滑排管作冷却管。库内可设有提冰和堆垛设备。

(4) 原料暂存间。在速冻蔬菜厂、冷饮品厂和冷冻食品厂等，均设有原料暂存间，用于贮藏大量到货的季节性商品，或者生产加工中的原料和半成品等。原料暂存间根据需要，应设有冷却降温系统，维持其一定的低温存放环境。

(5) 解冻间。解冻间一般用于冷冻食品加工厂。通过用空气、水或微电解液等方法，对冻结物原料进行加热，使其温度升至 $0 \sim -2 \ ℃$，以便于分割加工。

(6) 低温加工或包装间。根据食品卫生的要求，食品加工和包装一般需要在 $6 \sim 15 \ ℃$ 室温的车间内进行。这样的车间必须设置冷却设备，并考虑操作人员对新鲜空气的要求。

(7) 冷却物冷藏间。库温范围为 $-5 \sim 20 \ ℃$。根据不同的商品及贮存期要求，确定相应的冷间温、湿度。冷却物冷藏间多用于贮存水果、蔬菜、鲜蛋、花卉、中药材，以及高档家具和衣物等商品。用于贮存鲜活商品的冷间，还须设有通风换气装置和充氧设备。

(8) 冻结物冷藏间。库温范围为 $-18 \sim -35 \ ℃$。一般肉类的冷冻贮藏温度为 $-18 \sim -25 \ ℃$，水产品的冷冻贮藏温度为 $-20 \sim -30 \ ℃$，冰激凌制品的冷冻贮藏温度为 $-23 \sim -30 \ ℃$。某些特殊的水产品要求更低的冷冻贮藏温度，达 $-40 \ ℃$ 以下。我国通常采用的冻结物冷藏间温度为 $-18 \sim -30 \ ℃$。

(9) 穿堂。又称川堂，即冷库货物进出的通道，也是联系各库（间）的交通枢纽。穿堂按温度要求的不同，有低温、定温（也称中温）和常温三种。定温穿堂有利于货物进出时的质量保证和冷库节能，其温度范围为 $5 \sim 10 \ ℃$。若有特殊要求，可为 $0 \ ℃$ 左右，甚至更低。

(10) 月台。即供货物装卸的台架。为适应装卸作业，则有铁路月台、汽车月台和联系月台之分。大中型冷库的铁路月台，应视机械保温列车的长度或车辆节数而定，一般有 $128 \ m$、

220 m 等不同长度。汽车月台的长度，按冷库的体型、货物吞吐量和运输方式加以确定。月台宽度一般为 6~9 m，小型月台为 4~6 m。月台的高度可取 0.9~1.4 m，视运输车辆而定，也可设置月台高低调节板。铁路月台应高于钢轨面 1.1 m。

冷库月台有敞开式和封闭式两种。前者多为罩棚式，设有大跨距的立柱，立柱中心至月台边缘留 1.2~1.5 m 间距，月台边缘距铁路中心线的距离为 1.75 m，适用于火车装卸；后者用于汽车装卸，装卸货不受天气影响。

(11) 门斗。它一般设在冷库或冷间内，在冷藏门的内侧，其作用是减少库内外的热湿交换。门斗有保温型和非保温型、固定式和非固定式之分，通常与冷藏门配套的风幕和透明塑料门帘组合在一起，可以有效地阻止库内外的热湿交换。

(12) 楼梯和电梯间。多层冷库设置楼梯和电梯间，作为货物运输和人员上下之用。楼梯和电梯间应符合消防和安全生产要求，其大小和数量视货物吞吐量而定，位置以方便货物进出为准。冷库电梯的运输能力常用 2 t 和 3 t 型，其运输能力分别为 13 t/h 和 20 t/h。

4. 生产设施

生产设施及为其配置的建筑物，均根据生产工艺的需要而定。生产设施中与制冷有关的内容，除了上述主库的 (1) ~ (8) 之外，还有工艺冷却水、快速冷却和冷冻去皮机等设施。

5. 冷库附属建筑

冷库附属建筑按冷库的功能及生产需要加以配置，其基本配置如下：

(1) 主机房。主机房设有制冷压缩机和制冷系统的其他设备等。主机房一般有两个进出门，大小应考虑设备和人员进出方便。主机房门窗应向外开启，并有良好的采光、通风条件。主机房温度一般不低于 12 ℃，通风设备采用防爆型，高寒地区冬季应采用非明火采暖设备。

冷库主机房一般采用单层建筑，净高 4~6 m。其操作维修通道应保持不小于 1.5 m 的宽度，宜作隔振、降噪声处理。另外，为了放置制冷辅助设备，通常在主机房相邻处设辅助设备间，其建筑结构要求随主机房而定。

(2) 变配电间和电控室。电控室内设有制冷压缩机和辅助动力设备电气起动控制柜、制冷系统的操作控制柜，并可配以模拟图或数据采集系统，以及主、辅机运行操作流程和安全报警系统。自动化程度较高的冷库，其主、辅机房内的电控室可实现遥控指令操作或全自动控制。

室内的噪声应不超过 70 dB (A)。冷库变配电间一般靠近主机房，要有良好的通风条件，并满足消防要求。

(3) 其他辅助设施。如充电间、发电机房、锅炉房、氨库或氟库（存放制冷剂用）、化验室、浴室、办公室，以及休息更衣室等，它们是冷库群体不可缺少的辅助设施。

冷库库房与辅助建筑的卫生防护距离、消防和防爆要求，均应符合 GB 50072—2001 冷库设计规范和国家现行的有关强制性标准的要求。

三、冷库行业现状

(一) 国外冷库行业现状

国外冷库行业发展较快的国家主要有日本、美国、芬兰、加拿大等国。日本是亚洲最大的速冻食品生产国，-20℃以下的低温库在冷库中占80%以上。20世纪70年代以前，国外冷库普遍采用以氨为制冷剂的集中式制冷系统，20世纪70年代后期逐渐采用以R22为制冷剂的分散式制冷系统。美国和加拿大80%以上的冷库都以R717为制冷剂。自20世纪80年代以来，分散式制冷系统在国外发展很快，冷却设备由冷风机逐步取代了排管；贮藏水果冷库中近1/3为气调库；在冷库建造方面，土建冷库正向预制装配化发展，自动化控制程度比较高。比较著名的装配式冷库制造商有芬兰的辉乐冷冻集团（HUURRE），其库板HE-3由无氟绝缘聚氨酯板和两层镀锌的钢层组成，轻便易拆卸，施工期短，气密性好，空间利用率高。

近年来，国外新建的大型果蔬贮藏冷库多是果品气调库，如美国使用气调库贮藏的苹果达到冷藏苹果总数的50%~70%；英国气调库库容达22万吨。日本、意大利等发达国家已拥有10座世界级的自动化冷库。

（二）国内冷库行业现状

我国自1955年开始建造第一座贮藏肉制品的冷库，1968年建成第一座贮藏水果的冷库，1978年建成第一座气调库。1995年，开封空分集团有限公司首次引进组装式气调库先进工艺，并在山东龙口成功建造15 000 t气调冷库，开创了国内大型组装式气调冷库的成功先例，用户亦取得了较好的经济效益。1997年，该公司在陕西西安建造了一座10 000 t气调冷库，其气密性能达到国际先进水平。该公司气调冷库分布在山东、河南、北京、湖南、新疆、陕西、天津、四川等省、市、自治区，并获得较好的信誉。广东、北京等省市先后引进了大约40座预制装配式冷藏库，总库容约为7.5万t。

近几年来，我国冷库建设发展十分迅速，主要分布在各水果、蔬菜主产区以及大中城市郊区的蔬菜基地。据统计，全国现有冷冻冷藏库容量已达500多万t，其中外资、中外合资和私营冷库容量约为50万t，国有冷库450多万t，分属于内贸、农业、外贸和轻工系统，其中内贸系统冷库容量达300多万t，占全国总量的60%以上。我国商业系统拥有果蔬贮藏库面积达200多万m^2，仓储能力达130多万t，其中机械冷藏库为70多万t，普通库为60多万t。

果品蔬菜保鲜一般采用最低温度为-2℃的高温库，水产、肉食类保鲜采用温度在-18℃以下的低温库。我国的贮藏冷库大多数为高温库。

大型冷库一般采用以氨为制冷剂的集中式制冷系统，冷却设备多为排管，系统复杂，实现自动化控制难度大。小型冷库一般采用以氟利昂为制冷剂的分散式或集中式制冷系统，在建造方面以土建冷库偏多，自动化控制水平普遍较低。装配式冷库近几年有所发展。

国内专业生产制冷设备及建造冷库的厂家很多，如开封空分集团制冷工程公司为国内第一家组装式冷库生产厂家，已形成从几立方米库容小型室内库到几万立方米的大型室外库，从高温库、低温库、冻结库到综合库，从全组装式冷库到土建结构内部贴板的混合式冷库，从普通冷库到多品种、多规格的气调冷库系列产品。此外，大连制冷设备厂等的制冷设备在冷库行业领域中所占比重较大，天津森罗科技发展有限责任公司采用双面彩钢聚苯乙烯保温板建造的装配式冷库在国内发展较快。国家农产品保鲜工程技术研究中心（天津）研制开发的微型节能冷库在国内农村各地已广泛推广。据统计，我国生产企业已生产建设大、中、小型装配库约800座，室内装配式冷库约2.5万套（座）。2014年，仅苏州市就新建保鲜冷库38座，占江苏省的40%。

四、目前主要存在的问题

1. 空间利用率低

传统的冷库设计一般高 5 m 左右，但在实际操作应用中，尤其是无隔架层的冷库利用率低于 50%。当物品堆码的高度达到 3.2 m 时，外包装为纸箱的食品，因重压变形、吸潮等原因极易出现包装破裂、倒塌等现象，导致食品品质降低，造成较大的经济损失。

2. 周年利用率低

以兰州市为例：大多数冷库每年 5~10 月份贮藏荷兰豆、西兰花、花椰菜、大白菜、甘蓝、百合等新鲜蔬菜，然后以冷藏车、简易汽运等方式运至广州、上海、杭州等南方城市进行销售，冷库闲置期长达 6 个月。兰州肉联厂低温冷库贮藏肉制品、速冻食品、雪糕、冷饮等，利用率相对较高。而其他冷库中仅有少量冷库在 10 月至翌年 4 月份贮藏水果，其余时间基本关闭闲置，周年利用率仅能达到 50%。

3. 部分冷库设计不尽规范，存在诸多安全隐患

国内很多冷库属于无证设计、安装，缺乏统一标准，缺乏特种设备安全技术档案现象较为普遍。操作人员未经专业培训，无证上岗，管理人员安全意识淡薄。部分容积在 500 m^3 以上、以氨为制冷剂的土建食品冷库，其库址选择、地基处理、制冷设备安装等严重不符合《冷库设计规范》（GB 50072—2001）的要求，存在诸多安全隐患。许多冷库名为气调库却达不到气调的目的，部分低温库一建成就面临停用或只能按高温库降级使用的局面。

4. 制冷系统维修措施不力，设施设备老化严重

制冷机的正常维修周期一般为运转 8 000~10 000 h 即应进行大维修；运转 3 000~4 000 h 进行中维修；运转 1 000 h 进行小维修。适时对制冷系统进行维修、保养，可以及早消除事故隐患。国内大多数冷库，尤其是 20 世纪 90 年代以前建的冷库，设施设备陈旧，管道严重腐蚀，墙体脱落，地基下陷，压力容器不定期检验，普遍开开停停，带病运营现象十分严重。

5. 冷库节能措施未引起足够的重视

冷库属于耗能大户。有数据表明：蒸发器内油膜增加 0.1 mm，会使蒸发温度下降 2.5 ℃，电耗增加 11%。冷凝器中若存在油膜、水垢，蒸发器外表结霜等均会导致蒸发温度下降，耗电增加。另外，低温库冻结间或速冻装置进货后压缩比小于 8 时，应先采用单级制冷压缩；当蒸发压力降下来后，其压缩比大于 8 时再改用双级压缩制冷方式，而许多低温冷库一开机就启用双级压缩机，使冷库能耗加大。

6. 自动化控制程度低

国外冷库的制冷装置广泛采用了自动控制技术，大多数冷库只有 1~3 名操作人员，许多冷库基本实现夜间无人值班。而我国冷库的制冷设备大多采用手动控制，或者仅对某一个制冷部件采用了局部自动控制技术，对整个制冷系统做到完全自动控制的较少，货物进出、装卸等方面的自动化程度普遍较低。

7. 商业冷库价格竞争激烈

近几年，随着冷库数量的增加，除部分食品生产企业、科研单位自备用于存放食品原料或用于科研试验的冷库外，商业冷库出租转让频繁，行业内低价竞争激烈，加之高温库和低温库比例失衡以及地理位置的差异，存贮肉类及速冻食品的低温库供不应求，大量的高温库闲置待用，导致大多商业冷库经营企业经济效益不佳。

五、发展趋势

从市场对冷库的需求趋势来看，我国现有的冷库容量还十分不足，今后冷库的发展趋势主要表现在以下几个方面：

（一）建设规模

果蔬产区应集中建设气调冷库，规模应以大、中、小型相结合，以发展中型为宜。机械气调库的建设应择优推广预制生产、现场装配模式的冷库工程化工业产品。果蔬产地适于建单层冷库和中小型冷库。尽快推广塑料薄膜、大棚、大帐、硅窗、塑料薄膜小包装等气调设施是我国近期发展的重点。在经济较发达的城市，发展中型冷库，建立冷冻食品贮藏批发市场。将中小型冷库向社会开放，提供有偿的仓库服务、信息服务、经营后勤服务。

（二）冷链物流

我国完整独立的冷链系统尚未形成，市场化程度很低，冷冻冷藏企业有条件的可改造成连锁超市的配送中心，形成冷冻冷藏企业、超市和连锁经营企业联合经营模式。建立食品冷藏供应链，将易腐、生鲜食品从产地收购、加工、贮藏、运输、销售，直到消费者的各个环节都处于标准的低温环境之中，以保证食品的质量，减少不必要的损耗，防止食品变质与污染。

（三）制冷设备

制冷设备业应着力开发国际市场先进、通用的 60 HP 以下各档次分体式或一体化且配有电子技术的自动化机组，将计算机与自动化技术广泛地应用于整个制冷系统的自动控制中，目的是为冷冻冷藏行业升级换代，延长产业链，降低工程造价。

（四）整体规划

冷库行业必须在有关部门的统一协调下，加强整体规划与协调，大力发展冷链物流体系建设。同时，要防止盲目重复建设，以保证我国冷冻冷藏行业持续、健康、稳定地发展。

总之，从冷库的现状与发展趋势来看，果品恒温气调库发展迅速，低温库比例有所增加，适合农户建造使用的微型冷库异军突起，装配式冷库及以氟利昂为制冷剂的分散式制冷系统推广力度正在加大，冷库设计更加趋于优化，自动化控制程度逐步提高，政府安全生产和质量监督等管理部门对冷库的监管力度大大加强。国内冷库行业正朝着采用发泡聚氨酯或聚苯乙烯板隔热材料的轻便预制装配化、低温大型化、管理及进出库货物装卸自动化、果蔬冷库恒温气调化、冷风机代替排管和广泛使用氟利昂制冷剂的操作方便、灵活多样、高效安全、环保节能的方向发展。

第二节 冷加工能力和冷间容量

冷库组成部分的各库房称冷间，如冷却间、冷冻间（冻结间）和贮冰间等。冷却间和冷冻间的日生产能力称为冷加工能力，它根据冷加工的形式和时间来确定。冷库的冷却物冷藏间和冻结物冷藏间的容量总和称为冷库的总容量。

一、冷加工能力

1. 吊挂式冷却间和冻结间

对于吊挂式的冷却间和冻结间，生产能力可按下式计算：

$$G = \frac{lgn}{1\,000} \quad (\text{t/d})$$

式中：G——冷却间或冷冻间每天的冷加工能力，t/d；

l——吊轨的有效长度，m；

g——吊轨单位长度的净载重量，kg/m，肉类为 170～230 kg/m，鱼为 400 kg/m，虾为 270 kg/m；

n——每天冷却或冻结的周转次数，$n = 24/T$，T 为冷却或冻结的周期，h。

2. 搁架排管式冷却间和冻结间

其生产能力按下式计算：

$$G' = \frac{n'Agn}{a \times 1\,000} \quad (\text{t/d})$$

式中：G'——冷却间或冻结间每天的冷加工能力，t/d；

n'——搁架的利用系数，对于盘装、听装和箱装食品，可分别取 0.85～0.95，0.7～0.75，0.7～0.85；

A——各层搁架水平面积之和，m²；

a——每件（盘、听、箱）冷加工食品容器所占的面积，m²；

g——每件食品的净质量，kg；

n——每天冷却或冻结的周转次数，$n = 24/T$，T 为冷却或冻结的周期，h。

3. 小车装载式冷却间和冻结间

其生产能力按下式计算：

$$G'' = \frac{agn}{1\,000} \quad (\text{t/d})$$

式中：G''——冷却间或冻结间每天的冷加工能力，t/d；

a——冷却间或冻结间内可容纳小车的数量；

g——每辆小车可装食品的净质量，kg；

n——每天冷却或冻结的周转次数，$n = 24/T$，T 为冷却或冻结的周期，h。

二、冷藏间和冰库的容量

冷库的容量有三种表示方法：

① 公称体积，为冷藏间或冰库的净面积（不扣除柱、门斗和制冷设备所占的面积）乘以房间净高而得。

② 冷库计算吨位，以代表性食品的计算密度、冷间的公称体积及其体积利用系数计算而得。

③ 冷库实际吨位，按实际堆货的情况计算而得。

公称体积较为科学，是与国际接轨的方法；计算吨位是国内常见的方法；实际吨位是具体贮藏的计算方法。下面介绍后两种计算方法。

1. 冷库计算吨位

冷库计算吨位可按下式计算：

$$G = \frac{\sum(V\rho\eta)}{1\,000} \quad (\text{t})$$

式中：G——冷库计算吨位，t；

V——冷藏间或贮冰间的公称体积，m³；

ρ——食品的计算密度，kg/m³，见表1-4；

η——冷藏间或贮冰间的体积利用系数，见表1-5。

2. 按实际堆货体积计算冷库实际吨位

计算公式为：

$$G = \frac{\sum(V\rho)}{1\,000} \quad (\text{t})$$

式中：G——冷库实际吨位，t；

V——冷藏间或贮冰间的实际堆货体积，m³；

ρ——食品的密度，kg/m³。

3. 按货架有效托盘计算冷库实际吨位

计算公式如下：

$$G = \frac{\sum(ang)}{1\,000} \quad (\text{t})$$

式中：G——冷库实际吨位，t；

a——每层货架上的托盘数；

n——货架层数；

g——每托盘食品净质量，kg。

表1-4 常见食品的密度

食品名称	密度/(kg·m⁻³)	食品名称	密度/(kg·m⁻³)
冻猪白条肉	400	纸箱冻兔（带骨）	500
冻牛白条肉	330	纸箱冻兔（去骨）	650
冻羊腔	250	木箱鲜鸡蛋	300
块装冻剔骨肉或副产品	600	篓装鲜鸡蛋	230
块装冻鱼	470	篓装鸭蛋	250
块装冻冰蛋	630	筐装新鲜水果	220 (200~230)
冻猪油（冻动物油）	650	箱装新鲜水果	300 (270~330)
罐冰蛋	600	托板式活动货担存菜	250
纸箱冻家禽	550	木杆搭固定货架存蔬菜（不包括架间距离）	220
盘冰鸡	350		
盘冻鸭	450	篓装蔬菜	250 (170~340)
盘冻蛇	700	机制冰	750
纸箱冻蛇	450	其他	按实际密度采用

表 1-5 冷藏间、贮冰间的体积利用系数

类型	冷藏间公称体积、贮冰间净高	体积利用系数
冷藏间	500～1 000 m³	0.40
	1 001～2 000 m³	0.50
	2 001～10 000 m³	0.55
	10 001～15 000 m³	0.60
	>15 000 m³	0.62
贮冰间	≤4.20 m	0.40
	4.21～5.00 m	0.50
	5.01～6.00 m	0.60
	>6.00 m	0.65

注：1. 一般装配式冷库比土建冷库的冷藏间体积利用系数大 0.05；
2. 蔬菜冷库的体积利用系数按上述系数乘以 0.8。

三、冷负荷计算

冷负荷计算分为五个部分：围护结构热流量 Φ_1；货物热流量 Φ_2；库房内通风换气热流量 Φ_3；电动机运转热流量 Φ_4；操作热流量 Φ_5，包括库内照明用电、操作工人等所散发的热量以及开门损失的热量等。

1. 冷间冷却设备负荷的计算

冷间冷却设备负荷应按下式计算：

$$\Phi_s = \Phi_1 + P\Phi_2 + \Phi_3 + \Phi_4 + \Phi_5$$

式中：Φ_s——冷间冷却设备负荷，W；
Φ_1——围护结构热流量，W；
Φ_2——货物热流量，W；
Φ_3——通风换气热流量，W；
Φ_4——电动机运转热流量，W；
Φ_5——操作热流量，W；
P——货物热流量系数。

冷却间、冻结间和货物不经冷却而进入冷却物冷藏间的货物热流量系数 P 应取 1.3，其他冷间取 1。

2. 冷间机械负荷的计算

冷间机械负荷应分别根据不同蒸发温度按下式计算：

$$\Phi_j = (n_1 \sum \Phi_1 + n_2 \sum \Phi_2 + n_3 \sum \Phi_3 + n_4 \sum \Phi_4 + n_5 \sum \Phi_5)R$$

式中：Φ_j——机械负荷，W；
n_1——围护结构热流量的季节修正系数，宜取 1；
n_2——货物热流量折减系数；
n_3——同期换气系数，宜取 0.5～1.0（"同时最大换气量与全库每日总换气量的比数"大时取大值）；
n_4——冷间用的电动机同期运转系数；
n_5——冷间同期操作系数；

R——制冷装置和管道等冷损耗补偿系数,直接冷却系统宜取 1.07,间接冷却系统宜取 1.12。

货物热流量折减系数 n_2 应根据冷间的性质确定:对于冷却物冷藏间,n_2 宜取 0.3~0.6(冷藏间的公称体积为大值时取小值);对于冻结物冷藏间,n_2 宜取 0.5~0.8(冷藏间的公称体积为大值时取大值);对于冷加工间和其他冷间,n_2 应取 1。冷间用电动机同期运转系数 n_4 和冷间同期操作系数 n_5 应按表 1-6 所列选用。

表 1-6 冷间用电动机同期运转系数 n_4 和冷间同期操作系数 n_5

冷间总间数	n_4 或 n_5	冷间总间数	n_4 或 n_5
1	1	≥5	0.4
2~4	0.5		

注:冷却间、冷却物冷藏间、冻结间 n_5 取 1,其他冷间按本表取值;冷间总间数应按同一蒸发温度且用途相同的冷间间数计算。

第三节 气调库

果蔬气调贮藏就是调整果蔬贮藏环境中气体成分的冷藏方法。它是综合了冷藏、降低贮藏环境中氧气的含量、增加二氧化碳浓度的贮藏方法。气调库是在传统的高温冷藏库基础上发展起来的,它既有冷藏库所具有的"冷藏"功能,又有冷藏库所没有的"调气"功能。但是气调库并非普通高温库与气调设备的简单叠加。与一般高温库相比,气调库在方案设计、热负荷计算、土建气密性设计等方面都有自己的特点和注意事项。若不注意这些差别,就无法设计并最终建造合格、低能耗的气调库。

气密性是气调冷库在建筑要求上有别于冷藏库的一个最主要的特点。如果库体密封不好,库内就不能保持所要求的低氧、高二氧化碳的气体组分,也就达不到气调保鲜的目的。也就是说,气调库不仅要求围护结构隔热,减少与外界的热量交换,而且要求围护结构密闭,减少与外界的气体交换。

在满足气调贮藏条件的前提下,气密程度并非越高越好。一方面,因为存在各种制冷、气调、水电管线,建筑物日久会沉降,另外温度波动会引起库内外压力差发生变化,使得气密层不可避免地存在薄弱环节,故很难达到绝对的气密。另一方面,也没有必要达到绝对的气密。以果蔬气调贮藏为例。由于果蔬的呼吸作用会消耗库内的氧气,使氧气浓度持续降低,如果库房绝对气密,就必须及时通入新鲜空气来维持贮藏所需要的氧气浓度,防止果蔬进行无氧呼吸。在实际操作中,只要果蔬的耗氧量大于或等于围护结构的渗入氧量,即可认为气密程度符合要求。

一、气调贮藏原理

气调贮藏通过调节和控制各种环境因素,为水果、蔬菜的贮藏提供一个良好的气候环境,达到果蔬长期保鲜、保质的目的。在上述环境因素中,温度的调节和控制是最主要的。在冷藏的基础上,进一步提高贮藏环境的相对湿度,并人为地改变环境气体成分,在维持果蔬正常生命活动的前提下,有效地抑制呼吸、蒸发、激素作用及微生物的活动,延缓果蔬的生理代谢,推迟其后熟、衰老进程,防止其腐败变质,从而减少贮藏损失,延长果蔬的保鲜期，使其更长久地保持优质的食用状态。这就是气调贮藏的原理。

贮藏环境中的气体是多种气体的混合物。气调贮藏不仅存在单一气体或单一因素的影响，更重要的是多种气体和多种因素的综合影响。这种综合影响表现在两个方面：

一是相互促进。一种有利因素所产生的效果会因另一种有利因素的同时存在而强化。如低氧抑制呼吸，加上适量的二氧化碳，抑制呼吸的效果就更好。而一种不利因素所产生的恶果会因另一种不利因素的同时存在而加剧。如二氧化碳浓度过高会引起果蔬中毒，若同时温度过低，则会使中毒加重。

二是相互制约。一种有利因素产生的效果，会因另一种不利因素的同时存在而削弱，而一种不利因素产生的恶果会因另一种有利因素的同时存在而缓解。如乙烯加速后熟和衰老，但低氧或适量二氧化碳又能抑制内源乙烯的生成和抵消外源乙烯的危害。

气调贮藏是在低温高湿和改变了空气成分的环境中进行的，而以往的贮藏方法靠冷藏，是在普通空气中进行的，因此两者有本质上的区别。一般称气调贮藏为"气调冷藏"似乎更确切，但习惯上仍称气调贮藏。

最后应指出的是，气调贮藏是一种果蔬长期保鲜的方法。其保鲜效果不单取决于贮藏的环节，还取决于果蔬采收、贮藏、销售等采后处理的全过程。贮藏只是其中的一个主要环节。采后处理全过程中任一环节出现问题，都会影响气调贮藏的最终效果。

二、气调贮藏的优点

1. 贮藏期长

以呼吸跃变型果蔬为例，不同贮藏条件下其呼吸强度变化如图1-7所示。图中1、2、3号曲线分别表示呼吸跃变型果蔬在常温贮藏、冷藏和气调贮藏时的呼吸变化，以与呼吸强度A对应的时间作为贮藏起点，与呼吸强度B对应的时间作为贮藏终点。显然贮藏期H3＞H2＞H1。这是因为气调贮藏更有效地抑制了生理代谢。在达到同等保鲜效果的前提下，气调贮藏的贮藏期至少是冷藏的两倍。

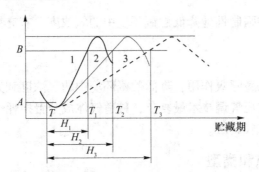

图1-7　不同贮藏条件下呼吸跃变型果蔬的呼吸强度变化曲线示意图

2. 货架期长

货架期指果蔬结束贮藏转入贮后经营，最终为消费者食用的商品流通期。从经营和消费的实际出发，果蔬必须有货架期，且货架期越长越好。气调贮藏的货架期长，与贮藏中果蔬品质损失小、贮后的果蔬具有较强的抗环境因素变化能力有关。在达到同等食用品质的前提下，气调贮藏的货架期为冷藏的两倍。

3. 重量损失小

气调贮藏与其他贮藏方法相比，不仅可减少果蔬品质的损失，而且还可以减少重量的损失。只要按要求管理好气调贮藏的每个环节，贮藏损失率一般不会超过1%。

4. 保鲜效果好

气调贮藏的保鲜效果体现在能很好地保持新鲜果蔬原有的品质，果蔬经过长期贮藏后仍能保持原有的色、香、味、鲜。当然气调贮藏的保鲜效果好是相对于常温贮藏或冷藏而言的。尽管气调贮藏能把果蔬的生理活动降到尽可能低的程度，但果蔬仍要进行一定程度的生理代谢，品质也会发生轻微的变化，只是这种变化比其他贮藏方法小得多。

5. 具有良好的附加经济效益

气调贮藏延长了果蔬的保鲜期，从而较好地解决了果蔬"旺季烂、淡季盼"的供需矛盾。气调贮藏提高了果蔬的商品率和优质率，延长了保鲜期，在果蔬淡季可带来较好的经济效益。

6. 无污染

气调贮藏采用的是物理方法，果蔬不用任何化学或生物制剂处理，不存在污染或毒性残留问题，卫生、安全、可靠。

三、气调贮藏的方式

1. 减压气调

减压气调，即将贮藏环境的气压降至一定程度并保持恒定，总气压降低后，各气体分压也相应降低，从而达到控制和调节各气体浓度的目的。

2. 最适气体成分置换

最适气体成分置换，即按果蔬特性，用人工配制的最适气体成分来置换贮藏环境的气体，从而达到始终维持最适气体成分的目的。

3. 快速气调

快速气调，即人为和强制性地降低贮藏环境中的氧浓度，有充氮置换降氧和循环分离降氧两种方式。

4. 自然气调

自然气调，即利用果蔬呼吸作用，降低贮藏环境中的氧浓度和升高二氧化碳浓度。

上述气调方法中，减压气调技术最复杂，最适气体成分置换耗气量最多，自然气调效果不理想，故常用的是快速气调法。

四、气调库的特点和类型

1. 气调库的特点

按照气调贮藏技术的要求，气调库既具有冷藏库"冷藏"的特点，又具有"气调"库在构造形式和管理使用上的特点。

（1）气密性。

气密性是气调库在构造上区别于冷藏库的一个最主要的特点。它不仅要求围护结构隔热以减少外界对库温的影响，而且还要求围护结构密闭以减少库内外气体的交换，维持库内较稳定的气体成分。

(2) 安全性。

安全性是随气密性而伴生的要求。气调库在降温、回温以及气调过程中，会因库内温度、压力变化在围护结构两侧产生压差。如不及时消除压差或将其控制在一定范围内，将引起库体的损坏。因此，既要保证库体的气密，又要保证其安全是气调库的又一特点。

(3) 单层建筑。

现代气调库几乎都是单层地面建筑，库内空间较高。这种特有的建筑形式是以气密性和安全性为前提而形成的。

(4) 快进整出。

快进整出是气调库在使用管理上的一大特点。快进是对货物入库时间的要求，以便使其尽早处于气调贮藏状态。一旦贮藏结束，库内的货物最好在短期内出完，不能采用冷藏库"先进先出、后进后出"和"随进随出"的使用管理方法。

(5) 高堆满装。

高堆满装是使用管理上的又一特点。除留出必要的检查通道外，货物在库内应尽可能高堆满装，使库内剩余的空隙小，减少气体的处理量，加快气调的速度，缩短气调的时间，使气调状态尽早形成。

2. 气调库的类型

气调库有多种类型。通常按用途、构造形式和气调方式进行分类。

(1) 按用途分类。

按所贮藏的货物种类不同，可分为水果气调库、蔬菜气调库和粮食气调库等。由于果蔬的生理特性不同，气调贮藏的要求也不同。以水果为例，可将水果气调库细分为苹果、梨、猕猴桃气调库等。此外，还可将气调贮藏与高、低冷藏组合为混合型库。这种库的优点是：可扩大贮藏、经营范围及增强库的使用灵活性。

(2) 按构造形式分类。

有砌筑式、夹套式和装配组合式等。砌筑式气调库的构造与传统的冷藏库差不多，只是围护结构增加了气密层。夹套式气调库在冷藏库内，其气密性分别由原围护结构和新增的气密层来保证。装配组合式气调库采用新型的建筑材料彩镀夹心绝热板（又称"三明治"板）装配组合而成，是现代气调库的主要形式。装配组合式气调库又分为内结构架型和外结构架型。当库的建筑尺寸较小时采用外结构架型，较大时采用内结构架型。

(3) 按气调方式分类。

只控制氧和二氧化碳气体浓度的称为一般气调库，还要控制其他气体浓度的称为特殊气调库。

库内外压差控制在 200~300 Pa 的称为常压气调库，库内始终维持较低负压的称为低压（或减压）气调库。

在一般气调库中，利用贮藏物呼吸作用降低库内氧浓度的称为自然降氧气调库，而采用专门设备强制降氧的称为快速降氧气调库。

五、气调库的构造

1. 主体构造

图 1-8 所示为较典型的外结构架型装配组合式气调库主体构造示意图。地坪以上建筑

包括外围结构和围护结构两部分。外围结构由钢柱、钢梁等组合的钢结构架和屋面板、外围板等组成。围护结构即库体由"三明治"板装配而成。外围结构主要起保护围护结构的作用，并能改善围护结构的热工性能，围护结构则具有隔热和气密的功能。

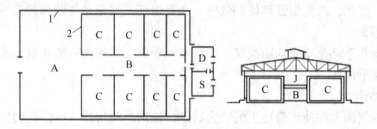

图1-8　外结构架型装配组合式气调库（平剖面）
A—包装挑选间；B—穿堂；C—气调贮藏间；D—气调机房；J—技术走廊；S—制冷机房；
1—外围结构；2—围护结构

"三明治"板是由两层表面材料（彩镀钢质或铝质波纹板）中间填充芯材（聚氨酯或聚苯乙烯泡沫塑料）复合而成的，如图1-9所示。彩镀波纹板兼作围护结构的气密层和防潮隔气层，聚氨酯或聚苯乙烯泡沫塑料为围护结构的隔热层。

气调库的地坪构造与冷藏库差不多，只是增加了一层气密层，如图1-10所示。

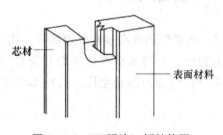

图1-9　"三明治"板结构图

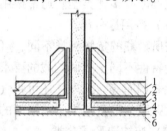

图1-10　气调库地坪构造示意图
1—钢筋混凝土；2、4—气密层；3—隔热层；
5—防潮隔气层；6—基层

2. 特有设施

（1）气密门。

为保证库体的气密性，库门的气密是至关重要的。气密门不但要求门扇隔热和气密，还要求关门后门缝不漏气。在气密门扇下部，要开一个活动窗口，窗扇应用透明气密材料制作，透过活动窗可以看到摆放在库门口处的货物样品，打开活动窗即可伸手取出样品进行质量检查。管理人员也可以从窗口进入库内检查货物质量和检修库内设备。气调贮藏过程中，一般不开门，以防止破坏已调节好的气体成分。

气调库的门也可以采用双道门。外门即普通的冷藏门，起隔热作用；门用刚性材料（如钢板、硬质塑料等）制成，起气密作用。

（2）调压气袋。

调压气袋通常装在库顶与屋顶之间并与库内相通，气袋用柔性的气密材料制成。当因外界气温和果蔬呼吸热的影响而引起贮藏温度波动（温度波动大小由温度控制装置的精度决定）时，库体两侧会形成压差，调压气袋的作用即消除压差。当库内压力高于外界大气压力时,库内气体进入气袋而使库内外压力趋于平衡;反之,气袋内的气体向库内补充。

(3) 安全阀。

当库内温度波动产生的库内外压差较大,调压气袋已无能为力时,要由安全阀来实现内外压力的平衡。安全阀由内腔和外腔组成,内腔与库内相通,外腔与大气相通。在未充注封闭液体时,内外腔连通。当充注一定液柱高度的液体后,液体将内外腔隔断。安全阀的调压原理如图1-11所示。这种安全阀称为液封式安全阀,除此之外还有机械式安全阀,其作用原理类似压缩机的吸、排气装置。

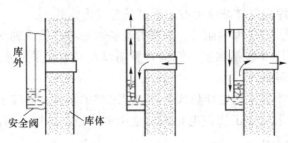

图1-11 液封式安全阀的调压原理示意图

(4) 技术走廊。

技术走廊通常设在穿堂的上部(见图1-8)。它的设置是非常必要的,它既是管道、阀门和有关设备安装、调试和维修的场所,又是管理人员观察库内贮藏情况和设备运行状况的通道(通过观察窗观察)。采用分散式制冷和气调系统的气调库,其设备就直接安装在技术走廊上(须采取加固措施),既可省掉制冷、气调机房,又可减少工艺和水电管线。

(5) 观察窗。

通常设在技术走廊两边的库体墙面上,为固定式透明密封窗。其作用是方便管理人员观察库内贮藏物和设备运行状况而不用进入库内。有的单间储量很大,干脆将固定观察窗设为活动观察门(构造同气密门),管理人员可通过观察门进入库内(库内要设置高空走道)察看贮藏情况以及检查、维修设备。

此外,有些单间储量很大的气调库为解决贮藏中途部分货物出库而又不引起库内气体成分波动的问题,将穿堂改为封闭式穿堂。部分出货时,先把穿堂密闭并将穿堂内的气体成分调节到与气调贮藏间一致,再开启气调间的气密门出货(货物放在穿堂内)。部分货物出完后,封闭气调间的气密门,然后将穿堂恢复到大气状态,再从穿堂出货。

3. 气调库的制冷系统

气调库的制冷系统与高温冷藏库的制冷系统基本一致。但由于气调贮藏的特殊性,故其制冷系统的设置应注意以下问题。

(1) 制冷压缩机和蒸发器的配置。在选配制冷压缩机和蒸发器时,应充分考虑其制冷负荷与冷藏库的不同之处。首先,气调库的围护结构耗冷量比冷藏库小。这是由于气调库要求尽量减少外界气温对贮藏温度的影响,因而围护结构的热阻值要求比冷藏库大,隔热层较厚。其次,气调库在入库阶段的货物热负荷较大,这与进货速度快、时间短及容积利用系数高(同样容积,气调库装货多)等有关。再次,气调库不存在与外界通风换气的热负荷,而存在气体调节的热负荷,两者相比,后者比前者小。最后,气调库的操作热负荷只有照明热量,没有开门热量和操作人员热量,操作热负荷比冷藏库小。因此,应根据气调库的冷却设备负荷与机械负荷来选配蒸发器和制冷压缩机。

（2）由于气调库的围护结构气密性要求严，为提高库内相对湿度，蒸发器的传热温差宜小不宜大，以降低蒸发器的结霜速度及减少结霜量和加湿器的功率消耗。

（3）气调库在入库和贮藏稳定阶段的热负荷相差较大。选用冷风机当蒸发器时，其轴流风机应采用双速风机，即用改变风速的方法来调节蒸发器的换热能力，以满足热负荷变化的要求并减少货物的干耗。

（4）贮藏温度的静态偏差控制值宜小不宜大，这对降低贮藏温度波动的幅度，以及相应地减小库内外压差和库内气体浓度的波动等都是至关重要的。

（5）为了便于管理，安装库内制冷、加湿等设备时应考虑易于观察和便于维修。

（6）进入库内的制冷（包括加湿、气调）管道以及与之相关的水电管线，在穿墙处的气密处理十分重要，不得漏气。

（7）库内加湿装置不宜采用电加热或蒸汽加湿之类的装置，以减小库内的热负荷。

（8）制冷冲霜不宜采用热工质或电化霜，宜用水冲霜。这样既可减少库内热负荷，又有利于库内相对湿度的提高。

（9）气调库的制冷系统有集中式制冷系统和分散式制冷系统两种形式，各有利弊。

4. 气调库的气调系统

气调系统包括气体调节装置系统、气体成分检测装置系统和自动控制系统。这里仅介绍气体调节装置系统。

（1）降氧装置系统。

降氧分自然降氧和快速降氧两种方式。自然降氧依靠果蔬的呼吸来实现，不需要任何装置。快速降氧分为开式循环系统和闭式循环系统。开式循环系统采用充氮降氧，即用制氮机将空气中的氮气分离出来并送入库内置换原有气体。也可以用罐、瓶装的氮气取代制氮装置。如图1-12所示。闭式循环系统采用吸附、燃烧等方法，将库内气体中的多余氧气去掉，处理后的气体经冷却后送回库内。如图1-13所示。

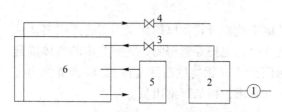

图1-12 开式循环快速降氧系统示意图
1—空压机；2—制氮装置；3—充气管；4—排气管；
5—洗涤装置；6—气调贮藏间

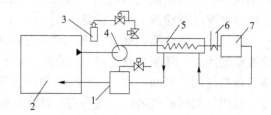

图1-13 闭式循环快速降氧系统（燃烧式）示意图
1—冷却器；2—气调间；3—可燃性气体罐；4—鼓风机；
5—热交换器；6—电加热器；7—反应燃烧室

（2）二氧化碳脱除（洗涤）装置。

脱除二氧化碳的装置很多，有吸收装置、吸附装置等。吸收装置在早期的气调库中使用较多，但因存在这样或那样的缺陷，已被逐步淘汰。目前常用的是吸附装置。二氧化碳吸附装置如图1-14所示。它采用活性炭作为吸附剂，并采用闭式循环系统。库内的混合气体被送入吸附装置中，经活性炭吸附二氧化碳后再送回库内，能连续地脱除多余的二氧化碳。该装置也装有两个吸附塔，交替完成吸附和脱附。

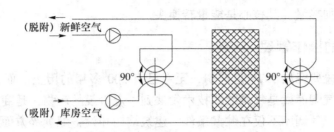

图 1-14 双塔活性炭吸附装置示意图

(3) 硅橡胶袋气调装置。

该装置是利用硅橡胶织物的单面硅胶涂层对混合气体中各组分气体有选择性渗透的特性而制成的气体交换扩散装置。当硅膜两侧的各组分气体存在分压差时，气体从浓度高的一侧向浓度低的一侧渗透，并且各气体的渗透速度和方向彼此独立，互不干扰。氧和二氧化碳的渗透比为1:6，该装置用于自然降氧型气调库。当库内氧浓度降低、二氧化碳浓度升高后，启动该装置，就能将库内多余的二氧化碳排掉，同时向库内添加适量的氧。使用时采用闭式循环系统。图 1-15 为该装置的构造示意图。

(4) 除乙烯装置。

乙烯在库内的含量很少，只能用体积浓度单位计量。气调库常用化学法除乙烯。最简单的方法是用高锰酸钾氧化。近年来，国外已研制出新型实用的高效除乙烯装置，如图 1-16 所示。该装置依据以下化学原理制成：乙烯在催化剂和高温下与氧气发生反应，生成二氧化碳和水。装置的关键是催化剂（特殊的活性银）的选择和一个从里到外形成 15 ℃→80 ℃→150 ℃→250 ℃ 温度梯度的变温度场装置，既解决了氧化反应所需要的高温，增强了反应强度，又不会给库内增加太多的热负荷。该装置采用闭式循环系统。

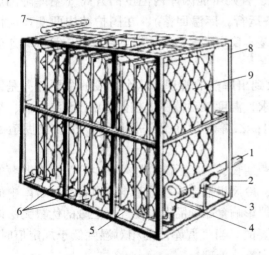

图 1-15 硅橡胶袋气调装置
1—进气管；2—进气阀；3—加氧阀；4—风机；
5—进气集管；6—调节阀；7—出气集管；
8—支架；9—硅橡胶袋

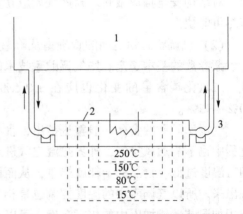

图 1-16 除乙烯装置及其系统示意图
1—库房；2—除乙烯装置；3—管道系统

(5) 加湿装置。

气调库使用的加湿装置为高频振荡加湿器，其原理是将电能转化为高频振荡的机械能，促使水雾化而不增加热量，其核心是能量转换头。

六、气调库的操作管理

气调贮藏的试验研究始于 19 世纪初，至今已有 200 多年的历史。而大规模的商业应用是近几十年的事。气调库就是气调贮藏技术发展到一定阶段的产物，是商业化、工业化气调贮藏的象征和标志。气调库不仅在贮藏条件、建筑结构和设备配置等方面不同于果蔬冷却物冷藏间，而且在操作管理上也有自己的特殊要求。其操作管理上任一环节出现差错，都将影响气调贮藏的整体优势和最终贮藏效果，甚至还会关系到气调库的建筑结构和操作人员人身的安全。

果蔬贮藏的生产管理：包括果蔬贮前、贮中、贮后全过程管理。

1. 果蔬贮前的生产管理

贮前生产管理是气调贮藏的首要环节。入库果蔬质量的好坏直接影响到气调贮藏的效果。具体包括：判定果蔬的成熟度及选择最佳采摘期，尽快使采摘后的果蔬进入气调状况，减少采后延误，注重采收方法，重视果蔬的装卸、运输、入库前的挑选、库中堆码等环节，以及入库前应对库房、气调贮藏用标准箱进行消毒等。在保证入库果蔬质量的前提下，入库的速度越快越好。单个气调间的入库速度一般控制在 3~5 d，最长不超过一周。装满后关门降温。

2. 果蔬贮中的生产管理

贮中是指入库后到出库前的阶段，这个阶段生产管理的主要工作是按气调贮藏要求调节、控制好库内的温、湿度和气体成分，并做好贮藏果蔬的质量监测工作。具体要求如下：

（1）贮藏条件的调节与控制包括库房预冷和果蔬预冷。预冷降温时，应注意保持库内外压力的平衡。只能关门降温，不可封库降温，否则可能因库内温度的升高（空库降温后因集中进货使库温升高）或降低（随冷却设备运行，库温回落），在围护结构两侧产生压差，对结构安全构成威胁。封库气调应在货温基本稳定在最适贮藏温度后进行，且降氧速度应尽可能快。

（2）气调状态稳定期的管理指从降氧结束到出库前的管理。这个阶段的主要任务是维持贮藏参数的基本稳定。按气调贮藏技术的要求，温度波动范围应控制在 ±0.5 ℃ 以内；氧气、二氧化碳含量的变化也应在 ±0.5% 以内；乙烯含量在允许值以下；相对湿度应在 90%~95%。

气调库贮藏的食品一般整进整出，食品贮藏期长，封库后除取样外很少开门，在贮藏的过程中也不需通风换气，外界热湿空气进入少，冷风机抽走的水分基本来自食品。若库中的相对湿度过低，食品的干耗就严重，从而极大地影响食品的品质，使气调贮藏的优势无法体现出来。所以气调库中的湿度控制也是相当重要的。当气调库内的相对湿度低于规定值时，应用加湿装置增加库内的相对湿度。可以用喷水雾化处理。

贮藏中的质量管理，包括经常从库门和技术走廊上的观察窗进行观察、取样检测。从果蔬入库到出库，始终做好果蔬的质量监测是十分重要的。千万不要片面地认为只要保证贮藏参数基本稳定，就可保证果蔬的贮藏质量。

3. 果蔬贮后的生产管理

果蔬贮后的生产管理包括出库期间的管理，确定何时出库。气调库的经营方式以批发为主,每次的出货量最好不少于单间气调库的贮藏量,尽量打开一间销售一间。果蔬要出货时,要事先做好开库前的准备工作。为减少低氧对工作人员的危害,在出库前要提前 24 h 解除气密状态,停止气调设备的运行,通过自然换气,使气调库内气体恢复到大气成分。当库门开启后,要十分小心,在确定库内空气为安全值前,不允许工作人员进入。在出库后的挑选、分级、包装、发运过程中,要尽量避免延误和损失。上货架后要跟踪质量监测。

七、气调设备和库房的管理

(1) 每年果蔬入库前,都要对所有气调库进行气密性检测和维护。气密性标准:当库内压力由 100 Pa 降到 50 Pa 时,所需时间不低于 10 min。

(2) 果蔬贮藏中要对制冷设备、气调设备、气体测量仪等进行检查与试运行。操作人员应经常巡视机房和库房,检查与了解设备的运行状况和库内参数的变化,做好设备运转记录和库内温度、湿度、气体成分变化记录,了解安全阀内液柱变化、库内外压差情况,并根据巡视结果进行调节。

(3) 果蔬全部出库后停止所有设备的运行,对库房结构、制冷设备、气调设备进行全面的检查和维护,包括查看围护结构、温湿度传感器探头是否完好,机器易损件是否需更换,库存件的清点和购置等。

八、气调库的安全运行管理

由于气调库的建筑、设备的特殊性,气调库的安全管理也是十分重要的工作。

1. 库房围护结构的安全管理

气调库是一种对气密性有特殊要求的建筑物,库内外温度的变化,以及气调设备的运行都可能引起库房围护结构两侧压差变化。压差值超过一定限度,就会破坏围护结构。这一点不可因气调库设置了安全阀和气调库就掉以轻心。

2. 人身安全的管理

气调库的操作、管理人员一定要掌握安全知识。气调库内气体不能维持人的生命,不可像出入冷藏库那样贸然进入气调库,必须熟练掌握呼吸装置的使用。为了更好地保证人身安全,必须制定下列管理措施,以防止发生人身伤亡事故:

(1) 在每扇气调库的气密门上书写醒目的危险标志:库内缺氧,未戴氧气罩者严禁入内。封库后,气密门及其小门应加锁,防止其他人员误入。

(2) 进入气调库维修设备或检查贮藏质量时,需两人同行。均戴好呼吸装置后,一人入库,一人在观察窗外观察。严禁两人同时入库作业。

(3) 至少要准备两套完好的呼吸装置,并定期检查其可靠性。

(4) 开展经常性的安全教育,使所有的操作、管理人员具有强烈的安全意识。

第四节 冷库的运营管理

冷库是保证新鲜易腐食品长期供应市场、调节食品供应随季节变化而产生的不平衡、改善人民生活所不可缺少的一环。搞好库房的管理工作,对保证冷藏食品的质量和提高企业的经济效益非常重要。

一、库房操作管理

(一) 正确使用冷库和保证安全生产

冷库是用隔热材料建筑的低温密闭库房,它结构复杂,造价高,具有怕潮、怕水、怕热气、怕泡、怕冷等特性。最忌隔热体内有冰、霜、水。一旦损坏,就必须停产修理,否则严重影响生产。为此,在使用库房时,要注意以下问题:

1. 防止水、气渗入隔热层

库内的墙、地坪、顶棚和门框上应无冰、霜、水,要做到随有随清除。没有下水道的库房和走廊,不能进行多水性的作业,不要用水冲洗地坪和墙壁。库内排管和冷风机要定期冲霜、扫霜,及时清除地坪和排管上的冰、霜、水。经常检查库外顶棚、墙壁有无漏水、渗水处。一旦发现,须及时修复。不能把大批量没有冻结的热货直接放入低温库房,以免库内温升过高,造成隔热层产生冻融而损坏冷库。

2. 防止因冻融循环把冷库建筑结构冻酥

库房应根据设计规定的用途使用,高、低温库房不能随意变更(装配式冷库除外)。各种用途的库房,在没有商品存放时,要保持一定的温度:冻结间和低温间应在 -5 ℃以下,高温间在露点温度以下,以免库内受潮滴水,影响建筑(装配式冷库除外)。原设计有冷却工序的冻结间,如改为直接冻结间,要设有足够的制冷设备,还要控制进货的数量和掌握合理库温,不使库房内有滴水。

3. 防止地坪(楼板)冻臌和损坏

冷库的地坪(楼板)在设计上都有规定,能承受一定的负荷,并铺有防潮和隔热层。如果地坪表面保护层被破坏,水分流入隔热层,会使隔热层失效。如果商品堆放超载,会使楼板裂缝。因此,不能将商品直接散铺在库房地坪上冻结。拆货垛时不能采用倒垛方法。脱钩和脱盘时,不能在地坪上摔击,以免砸坏地坪或破坏隔热层。另外,库内商品堆垛重量和运输工具的装载量不能超过地坪的单位面积负荷。每个库房都要核定单位面积最大负荷和库房总装载量(地坪如大修改建,应按新负荷设计),并在库门上做出标志,以便管理人员监督检查。库内吊轨每米长度的载重量,包括商品、滑轮和挂钩的总重量,应符合设计要求,不许超载,以保证安全。特别要注意底层的地坪没有做通风等处理的库房,使用温度要控制在设计许可范围内。设计有地下通风的冷库,要严格执行有关地下通风的设计说明,并定期检查地下通风道内有无结霜、堵塞和积水,并检查回风温度是否符合要求。应尽量避免由于操作不当而造成地坪冻臌。地下通风道周围严禁堆放物品,更不能搞新的建筑。

4. 库房内货位的间距要符合要求

为使商品堆垛安全牢固,便于盘点、检查、进出库,对商品货位的堆垛与墙、顶、排管和通道的距离都有一定要求,详见表1-7。

表1-7 货位之间的距离

建筑物名称	货物应保持的距离/mm
低温库顶棚	≤200
高温库顶棚	≤300
顶排管	≤300

续表

建筑物名称	货物应保持的距离/mm
墙	≤200
墙排管	≤400
风道底面	≤200
冷风机周围	≤1 500
手推车通道	≤1 000
铲车通道	≤1 200

库内要留有合理宽度的走道,以便运输、操作,并利于安全。库内操作时要防止运输工具和商品碰撞冷藏门、电梯门、柱子、墙壁、排管和制冷系统的管道等。

5. 冷库门要经常进行检查

如发现冷库门变形、密封条损坏、电热器损坏,要及时修复。当冷库门被冻死拉不开时,应先接通电热器,然后开门。冷库门口是冷热气流交换最剧烈的地方,地坪上容易结冰、积水,应及时清除。

6. 库内排管除霜时,严禁用钢件击排管

所使用的工具不能损伤排气管表面。

(二) 提高管理工作和确保商品质量

提高和改进冷加工工艺,保证合理的冷藏温度,是确保商品质量的重要一环。食品在冷藏间如保管不善,易发生腐烂、干枯(干耗)、脂肪氧化、脱色、变色、变味等现象。为此,要求有合理的冷加工工艺和合理的贮藏温度、湿度、风速等。各种易腐食品冷藏推荐条件见表1-8。

表1-8 易腐食品冷藏推荐条件

类别品名	温度/℃	相对湿度/%	预计冷藏期限	备注
1. 冷冻禽、肉、蛋类				
冻猪肉	-12	95~100	3~5个月	肥度大的猪肉冷藏期还应缩短
	-18	95~100	8~10个月	
	-20	95~100	10~12个月	
冻诸分割肉(包装)	-20	95~100	10~12个月	肥度大的猪肉冷藏期还应缩短
冻牛肉	-12	95~100	6~10个月	
	-18	95~100	10~12个月	
	-20	95~100	12~14个月	
冻羊肉	-12	95~100	3~6个月	
	-18	95~100	8~10个月	
	-20	95~100	10~12个月	
冻肉馅(包装、未加盐)	-18	95~100	6~8个月	

续表

类别品名	温度/℃	相对湿度/%	预计冷藏期限	备注
冻副产品（包装）	-18	95~100	5~8个月	
冻猪肉（不包装）	-18	95~100	4~5个月	
冻猪肉（包装）	-18	95~100	9~12个月	
冻家禽（包冰衣）	-12	95~100	3~4个月	
冻家禽（包冰衣）	-18	95~100	6~10个月	
冻家兔	-18	95~100	5~8个月	
2. 冷冻水产类				
肥鱼：鳗、沙丁鱼等	-15~-18	95~100	6~10个月	
中等肥鱼：鲭鱼等	-15~-19	95~100	8~12个月	
瘦鱼：比目鱼、黄花鱼	-15~-20	95~100	10~14个月	
虾类	-15~-21	95~100	6~10个月	
蛏、贝、蛤	-15~-22	95~100	6~10个月	
3. 冷藏/冷冻水果、蔬菜类				
杏（加糖）	-18	95~100	12个月	
酸浆果（加糖）	-18	95~100	12个月	
甜浆果（加糖）	-18	95~100	8~10个月	
桃（加糖）	-18	95~100	8~10个月	
桃（加糖和维生素C）	-18	95~100	12个月	
覆盆子（加糖）	-18	95~100	18个月	
杨梅（加糖）	-18	95~100	12个月	
椰子	0	80~85	1~2个月	
葡萄	-1~0	80~90	1~2个月	
荔枝	0	90	5~6周	
杧果	10	90	2~5周	
甜瓜	4~10	85~90	1周	
核桃	7	70	12个月	
西瓜	2~4	75~85	2~3周	
木瓜	10	90	2~3周	

续表

类别品名	温度/℃	相对湿度/%	预计冷藏期限	备注
桃子	-1~1	85~90	1~4周	
菠萝（青的）	10	90	2~4周	
菠萝（熟的）	7	90	2~4周	
樱桃	0	85~90	1~5天	
柑	4~7	85~90	3~6个月	
橙	4~6	85	6个月	
梨	0.5~1.5	85~90	6~8个月	
土豆	3~6	85~90	6~8个月	
韭菜	0	90~95	1~3个月	
莴苣	0	90~95	1~3周	
洋葱	-3~0	70~75	6个月	
青豌豆	0	80~90	7~21天	
菠菜	0~1	90	10~14天	
西红柿（生）	11.5~13	85~90	3~5周	
西红柿（熟）	0	85~90	1~3周	
土豆（晚期）	4.5~10	85~90	4~8个月	
种子	2~7	85~90	5~8个月	
茄子	7~10	85~90	10天	
大蒜	-1.5~0	70~75	6~8个月	
芹菜	0	90~95	1~2个月	
黄瓜	11.5	85~90	1~2周	
花卷心菜	0	85~90	2~3周	
蘑菇	0	85~90	5天	
4. 冷冻熟食制品和其他类				
灌肠	-18	95~100	4~8个月	
熏肉	-18	95~100	5~7个月	
油煎鸡（包装）	-18	95~100	3~4个月	
猪肉饼	-18	95~100	6~8个月	

续表

类别品名	温度/℃	相对湿度/%	预计冷藏期限	备注
牛肉饼	-18	95~100	8~10个月	
羊肉饼	-18	95~100	12个月	
冰激凌	-18~-23	85	2~6个月	
5. 冷却肉、禽、蛋类				
猪肉	-1.5~0	85~90	1~2周	
牛肉	-1.5~0	90	2~3周	
羊肉	-1~0	85~90	1~2周	
猪肉	-1~0	80~90	4~6天	
	-1~0	95~100	3~5天	
腊肉	-3~-1	80~90	1个月	
副产品	-1~0	75~80	2~3天	
家禽	0~1	85~90	1周	
家兔	0~1	85~90	3~5天	
鲜蛋	0	85~90	4~6个月	
	-0.5~0.25	85~90	6~8个月	
6. 冷却水果、蔬菜类				
苹果	-1~1	85~90	3~8个月	有些品种也可在2~4℃下冷藏
杏	-1~0	90	2~4周	
香蕉（青的）	11.5~14.5	90	10~20天	
香蕉（熟的）	14~16	90	5~10天	
覆盆子	-1~0	85~90	2~3周	

在正常生产情况下，冻结物冷藏库的温度应控制在设计温度±1℃的范围内。冷却物冷藏库的温度应控制在设计温度±0.5℃的范围内。货物在出库过程中，冻结物冷藏库的温升不超过4℃，冷却物冷藏库的温升不超过3℃。进入冻结物冷藏库的冻结货物温度应不高于冷藏库温度3℃。例如，冷藏库温度为-18℃，则货物温度应在-15℃以下。

商品在贮藏时，要按品种、等级和用途情况，分批分垛位贮藏，并按垛位编号，填制卡片悬挂于货位的明显地方。要有商品保管账目，正确记载库存货位的品种、数量、等级、质量、包装以及进出的动态变化，还要定期核对账目，出库一批清理一批，做到账货相符。要正确掌握商品贮藏安全期限，执行先进先出的制度。定期或不定期地进行商品质量检查，如发现商品有霉烂、变质等现象，应立即处理。

有些商品（如家禽、鱼类和副产品）在冷藏时，要求表面包冰衣。如长期冷藏的商品，可在垛位表面喷水进行养护，但要防止水滴在地坪、墙和冷却设备上。冻肉在码垛后，可用防水布或席子覆盖，在走廊边或靠近冷藏门处的商品尤应覆盖好，要求喷水结成 3 mm 厚的冰衣。在热流大的时候，冰衣易融化，要注意保持一定的厚度。

二、库房卫生管理

对食品进行冷加工并不能改善和提高食品的质量，仅是通过低温处理，抑制微生物的活动，达到较长时间保藏的目的。因此，在冷库的使用中，冷库的卫生管理是一项重要工作。要严格执行国家颁发的卫生条例，尽可能减少微生物污染食品的机会，以保证食品质量，延长保藏期限。

1. 冷库的环境卫生

食品进出冷库时，都需要与外界接触。如果环境卫生不良，就会增加微生物污染食品的机会，因而冷库周围的环境卫生是十分重要的。冷库四周不应有污水和垃圾，冷库周围的场地和走道应经常清扫，定期消毒。垃圾箱和厕所应离库房有一定距离，并保持清洁。运输货物用的车辆在装货前应进行清洗、消毒。

2. 库房和工具设备的卫生与消毒

冷库的库房是进行食品冷加工和长期存放食品的地方。库房的卫生管理工作是整个冷库卫生管理的中心环节。

在库房内，霉菌较细菌繁殖得更快些，并极易侵害食品。因此，库房应进行不定期的消毒工作。

运货用的手推车以及其他载货设备也能成为微生物污染食品的媒介，应经常进行清洗和消毒。

库内冷藏的食品，不论是否有包装，都要堆放在垫木上。垫木应刨光，并经常保持清洁。垫木、小车以及其他设备，要定期在库外冲洗、消毒。可先用热水冲洗，并用2%浓度的碱水（50 ℃）除油污，然后用含有效氯0.3% ~ 0.4%的漂白粉溶液消毒。加工用的一切设备，如铁盘、挂钩、工作台等，在使用前后都应用清水冲洗干净，必要时还应用热碱水消毒。

冷库内的走道和楼梯要经常清扫，特别在出入库时，对地坪上的碎肉等残留物要及时清扫，以免污染环境。

3. 消毒剂和消毒方法

（1）抗霉剂。冷库用的抗霉剂有很多种，常将它们与粉刷材料混合在一起进行粉刷。

① 氟化钠法：在白陶土中加入1.5%的氟化钠（或氟化铁）或2.5%的氟化铵，配成水溶液粉刷墙壁。白陶土中钙盐的含量不应超过0.7%或最好不含钙盐。

② 羟基联苯酚钠法：当发霉严重时，在正温的库房内，可用2%的羟基联苯酚钠溶液刷墙，或用同等浓度的药剂溶液配成刷白混合剂进行粉刷。消毒后，地坪要洗刷并干燥通风，之后库房才能降温使用。用这种方法消毒时，不可与漂白粉交替或混合使用，以免墙面呈现褐红色。

③ 硫酸铜法：将硫酸铜2份和钾明矾1份混合，取此1份混合物加9份水在木桶中溶解，粉刷时再加7份石灰。

④ 用2%过氧酚钠盐水与石灰水混合粉刷。

(2) 消毒剂。库房内消毒有以下几种方法：

① 漂白粉消毒：漂白粉可配制成含有效氯 0.3% ~ 0.4% 的水溶液（1 L 水中加入含 16% ~ 20% 有效氯的漂白粉 20 g），在库内喷洒消毒；或与石灰混合，粉刷墙面。配制时，先将漂白粉与少量水混合制成浓浆，然后加水至必要的浓度。

在低温库房进行消毒时，为了加强效果，可用热水配制溶液（30 ~ 40 ℃）。用漂白粉与碳酸钠混合进行消毒，效果较好。配制方法是：在 30 L 热水中溶解 3.5 kg 碳酸钠；在 70 L 水中溶解 2.5 kg 含 25% 有效氯的漂白粉；将漂白粉溶液澄清后，再倒入碳酸钠溶液；使用时，加两倍水稀释。用石灰粉刷时，应加入未经稀释的消毒剂。

② 次氯酸钠消毒：可在 2% ~ 4% 的次氯酸钠溶液中加入 2% 碳酸钠，在低温库内喷洒，然后将门关闭。

③ 乳酸消毒：每立方米库房空间需用 3 ~ 5 mL 粗制乳酸，每份乳酸再加 1 ~ 2 份清水，放在瓷盘内，置于酒精灯上加热，再关门几小时消毒。

④ 福尔马林消毒：在库温 20 ℃ 以上的库房，可用 3% ~ 5% 的甲醛消毒（即 7.5% ~ 12.5% 的福尔马林溶液），每立方米空间喷射 0.05 ~ 0.06 kg。在低温库房内喷射时，效果较差。每立方米空间可用 15 ~ 25 g 福尔马林，加入沸水稀释，与 10% ~ 20% 的高锰酸钾同置于铝锅中，任其自然发热和蒸发，闭门 1 ~ 2 d 后，经过通风，消毒工作即完成。因福尔马林气味很大，肉吸收后即不能食用。为了吸收剩余的福尔马林，可在通风时用脸盆等容器盛氨水放在库内。福尔马林对人有很大的刺激作用，使用时要注意安全。

(3) 消毒和粉刷方法。库房在消毒粉刷前，应将库内食品全部搬出，并清除地坪、墙和顶板上的污秽。发现有霉菌的地方，应仔细用刮刀或刷子清除。在低温库内，要清除墙顶和排管上的冰霜。必要时需将库温升至正温。

库房内刷白，每一平方米消毒表面所消耗的混合剂约为 300 mL。在正温库房可用排笔涂刷，负温时可用细喷浆器喷洒，有时会出现一层薄溶液冻结层，1 ~ 3 d 以后，表面会逐渐变干。

冷库内消毒的效果根据霉菌孢子的减少来评定。因此，在消毒前后均要做测定和记录。消毒后，每平方厘米表面上不得多于一个霉菌孢子。

(4) 紫外线消毒。一般用于冰棍车间模子等设备和工作服的消毒。不仅操作简单，节约费用，而且效果良好。每立方米空间装功率为 1 W 的紫外线光灯，每天平均照射 3 h，即可对空气起到消毒作用。

4. 冷库工作人员的个人卫生

冷库工作人员经常接触多种食品，如不注意卫生，本身患有传染病，就会成为微生物和病原菌的传播者。对冷库工作人员的个人卫生应有严格的要求。

冷库作业人员要勤理发、勤洗澡、勤洗工作服，工作前后要洗手，经常保持个人卫生，同时必须定期检查身体。如发现患传染病者，应立即进行治疗并调换工作；未痊愈时，不能进入库房与食品接触。

库房工作人员不应将工作服穿到食堂、厕所和冷库以外的场所。

三、冷库节能与科学管理

冷库是冷藏业中主要的用电部门，因此也是节能的核心部门。当前，冷库的制冷系统每冻结 1 吨白条肉平均耗电为 110 kW，其中高的耗电指标是每吨 180 kW，低的耗电指标是每吨 70 kW；对于冻结物冷藏间，贮藏 1 t 冻食品，每天平均耗电 0.4 kW，其中高的耗电指标是每天每吨 1.4 kW，低的耗电指标是每天每吨 0.2 kW；对于冷却物冷藏间，贮藏 1 t 食品每天平均耗电 0.5 kW，其中高的耗电指标是每天每吨 1 kW，低的耗电指标是每天每吨 0.3 kW。由此可见，冷库的能耗随着地区之间、企业之间、设计和管理水平的不同存在着较大的差别。因此，对冷库制冷系统进行技术改造和科学管理以达到节能目的，其潜力是很大的。

（一）采用新工艺、新技术、新设备的设计方案

1. 减少冷库围护结构单位热流量指标

在冷库设计中，低温冷库外墙的单位热流量 qF 一般为 11.63 W/(m²·h) 左右，如果将 qF 降到 6.98~8.14 W/(m²·h)，则对于一座 5 000 t 至 10 000 t 级的低温冷库而言，动力费可下降 10% 左右。当然，由于单位热流量指标的降低，冷库围护结构的隔热层要加厚，一次投资要提高。但与冷库运行费用的减少相比较，无论从经济角度，还是技术管理角度来考虑，采用降低冷库围护结构单位热流量指标的做法都是合理的。

2. 缩小制冷系统制冷剂蒸发温度与库房温度的温差

当库房温度一定时，随着蒸发温度与库房温度温差的缩小，蒸发温度就能相应提高，此时如果冷凝温度保持不变，就意味着制冷压缩机制冷量的提高，也就是说，获得相同的冷量可以少消耗电能。据估算，蒸发温度每升高 1 ℃，可少耗电 3%~4%。再则，小的温差对降低库房贮藏食品的干耗也是极为有利的。因为小的温差能使库房获得较大的相对湿度，能减缓库房内空气中热质的交换程度，从而减少贮藏食品的干耗。尤其是对未包装贮藏的食品，应该采用小的温度差。提高蒸发温度的措施主要是适当增大蒸发器的传热面积和增加通风量。

3. 根据不同的冷藏食品和不同的贮藏期确定相应的贮藏温度

人们可针对食品（特别是肉食品）在低温贮藏期间的生化变化及嗜低温细菌滋长和繁殖被抑制的程度，确定相应较佳的贮藏温度。如不超过半年的低温贮藏，一般采用的贮藏温度为 -15~-18 ℃；超过半年的低温贮藏，贮藏温度应 ≤ -18 ℃；对于含脂肪量大的食品，如鱼类，为防止低温贮藏期脂肪的氧化，应采取低于 -18 ℃ 的贮藏温度，最好是 -25~-20 ℃。采取了不同的贮藏温度后，对于某些产品，特别是属短时期贮藏者，就可适当提高制冷系统的蒸发温度，从而提高制冷压缩机的制冷量。

4. 冻结间配用双速或变速电机的冷风机

食品在冻结间冻结的过程实际上是不均匀的放热过程，所以冻结过程中对冷却设备的需冷量也是不均匀的。食品的冻结过程由三个阶段组成：第一阶段是冷却阶段，食品温度由 >0 ℃ 降至 0 ℃ 左右；第二阶段是冰晶形成阶段，食品温度由 0 ℃ 左右降至 -5 ℃ 左右；第三阶段是冻结降温阶段，食品由 -5 ℃ 降至 -15 ℃ 左右。在食品冻结的三个阶段中，第二阶段所需冷量最大，此时冻结间所配冻结设备要全部投入运转，而在第一和第三阶段，由于单位时间内热负荷较少，可适当降低风速，减少风量，以达到节能的目的。以往冻结采用的冷风机仅有一种转速，无法调节。现在如果冷风机配用双速或变速电机，冻结的循环风量就可以得到调节，从而达到节能的目的。

5. 冷却物冷藏库配用双速电动机的冷风机

冷却物冷藏库一般都是既用作冷藏又用作冷却。在货物进库时，冷却的冷藏库用作冷

却,此时热负荷较大,冷风机需较大的风量,电动机可为高速挡。当货物经冷却后进入贮藏期,其热负荷较小,冷风机风量可小些,电动机应为低速挡。这样可达到节能的目的。

(二)及时进行冷藏食品的结构改革

1. 在市场推广销售冷却肉

从卫生角度出发,市场出售的新鲜肉均应进行冷却,这样可达到明显的节能效果。

冷却肉不仅在外观、营养等品质方面能保持最佳质量,在能耗上也只有冻结肉的40%左右。

2. 肉胴体进行分割、剔骨

应改变过去白条肉冻结和冷藏的做法,将肉胴体进行分割、剔骨。据统计,肉胴体经剔骨、去肥膘处理后进行冻结贮藏,可节省劳动力25%,节省冻结能耗50%,节省低温冷藏空间50%。

3. 冷藏食品尽量进行包装

冷藏食品如无包装,在贮藏时干耗较大,能量消耗也较大。包装的冷冻食品在贮藏期间的干耗基本上接近零。食品的干耗大大减少,可减少蒸发器融霜次数,制冷压缩机的无效功也降低到最小的程度,实际也就起到了节约能源的作用。

(三)加强科学管理

加强科学管理是达到节能目的的重要一环。应建立和完善管理制度,积极进行技术改造,尽量降低能耗。

科学管理的主要内容有:

1. 建立能耗管理制度

(1) 日常运行管理。

① 填写工作日记。要坚持填写设备运行日记。主要填写的内容是:压缩机、氨泵、水泵、风机等动力设备的启动和停车时间,每隔2 h记录各种制冷设备工作的温度、压力状况(如蒸发温度、冷凝温度、中间温度和压力、排出温度、吸入温度、膨胀阀前液体温度、库温、水温、室外温度、相对湿度等),以便检查各种设备的工作状态和工作效率。日记填写内容见表1-9。

表1-9 日记填写内容

压缩机号	工作条件	测量时间/h												日平均	工作时间/h
		2	4	6	8	10	12	14	16	18	20	22	24		
1# 单级机	蒸发温度														开车: 停车: 开车: 停车: 运转小时:
	吸入温度														
	排出温度														
	冷凝温度														
	电流表读数														
	电压表读数														

续表

设备名称	工作条件		测量时间/h											日平均	工作时间/h		
			2	4	6	8	10	12	14	16	18	20	22	24		开车	停车	运行
2#单级机	蒸发温度															开车： 停车： 开车： 停车： 运转小时：		
	吸入温度																	
	排出温度																	
	冷凝温度																	
	电流表读数																	
	电压表读数																	
3#单级机	蒸发温度															开车： 停车： 开车： 停车： 运转小时：		
	吸入温度	低压缸																
		高压缸																
	排出温度	低压缸																
		高压缸																
	冷凝温度																	
	中间温度																	
	电流表读数																	
	电压表读数																	
4#单级机	蒸发温度															开车： 停车： 开车： 停车： 运转小时：		
	吸入温度	低压缸																
		高压缸																
	排出温度	低压缸																
		高压缸																
	冷凝温度																	
	中间温度																	
	电流表读数																	
	电压表读数																	
1#循环水泵	电流表读数																	
2#循环水泵	电流表读数																	
1#氨泵	电流表读数																	
2#氨泵	电流表读数																	
3#氨泵	电流表读数																	
4#氨泵	电流表读数																	
1#风机	电流表读数																	

续表

设备名称	工作条件	测量时间/h												日平均	工作时间/h		
		2	4	6	8	10	12	14	16	18	20	22	24		开车	停车	运行
2#风机	电流表读数																
3#风机	电流表读数																
4#风机	电流表读数																
5#风机	电流表读数																
6#风机	电流表读数																
冷凝水	进水温度														交接班签字 第一班: 第二班: 第三班: 车间主任:		
	出水温度																
气候	室外温度																
	室外相对湿度																

② 按月进行统计。月平均工作状况的计算：只有在一个月内，昼夜工作时数不变的情况下，才可以按算术平均数计算，否则要将每一个昼夜的日平均数乘以工作时数，然后将所有乘积加起来，除以一个月内总工作时数。

为了简化计算，月平均数也可不以日平均数计算，而以全月记录合计数除以全月记录次数求得。

(2) 制定单位冷量耗电定额。

单位冷量耗电量是按各制冷系统分别计算的每生产 1 kW 冷量的耗电量。如，−15 ℃ 制冷系统压缩机的每月制冷量为 88 430 kW，压缩机每月耗电量为 23 000 kW·h，则每千瓦冷量耗电为 23 000/88 430 = 0.26 kW·h。

单位冷量耗电定额是考核压缩机操作管理是否正常合理的指标。压缩机的蒸发温度应根据库房温度要求掌握。蒸发温度过低或压缩机无负荷运转，都会导致单位冷量耗电量增加。单位冷量耗电定额就是按库设计温度要求达到的蒸发温度来计算的单位冷量耗电量。

表 1-10 和表 1-11 是每分钟转速 ≤720 r 和 ≥960 r 的氨压缩机在各制冷系统不同冷凝温度下生产 1 kW 冷量的耗电定额，是根据压缩机的制冷量和功率计算编制的。每月终了时应计算出压缩机实际单位冷量耗电量并和定额进行比较，以考核压缩机操作管理情况。

计算单位冷量耗电定额时，蒸发温度按各制冷系统要求，冷凝温度按各制冷系统压缩机组实际月平均冷凝温度。

(3) 制定单位产品耗电定额。

单位产品耗电量是按每吨产品耗电量来计算的。单位产品耗电量是衡量冷库耗电的综合指标，它不但反映制冷设备的设计、运行和管理情况，而且反映冷库结构的设计、使用情况和冷库贮藏货物的管理情况（如库门的开启、人员进出时间和货物进出时间等）。每座冷库的单位产品耗电量是不可能相同的，应根据各自不同的情况制定单位产品耗电定额。

冷库产品分冷冻品和冷藏品两大类。计算单位产品耗电量时，对于冷冻品如机制冰、冻肉、冻副产品或冻鱼等，应分别按不同制冷设备进行计算。冷藏品应分别按高温贮藏（冷却物冷藏）和低温贮藏（冻结物冷藏）进行计算。对于各制冷系统共用的设备（如水泵、冷却塔风机等），可按各制冷系统（冻结、制冰、贮冰、高温冷藏、低温冷藏）制冷压缩机的制冷量大小进行分配计算。

表1-10 氨压缩机单位冷量耗电量（转速：720 r/min 及以下）

单位：kW·h/kW

氨压缩机	高低缸容积比	蒸发温度/℃	冷凝温度/℃											
			15	18	20	22	24	26	28	30	32	34	36	38	40
单级机		-10	0.14	0.16	0.17	0.18	0.19	0.20	0.22	0.23	0.25	0.26	0.28	0.29	0.31
		-15	0.18	0.20	0.21	0.22	0.24	0.25	0.27	0.28	0.30	0.31	0.33	0.35	0.37
双级机组	1:2	-28	0.30	0.32	0.33	0.34	0.36	0.37	0.39	0.40	0.42	0.43	0.45	0.46	0.48
		-33	0.37	0.39	0.40	0.41	0.43	0.44	0.46	0.47	0.49	0.51	0.53	0.55	0.57
		-35	0.40	0.42	0.43	0.44	0.46	0.47	0.49	0.50	0.52	0.54	0.57	0.59	0.61
	1:3	-28	0.30	0.32	0.33	0.34	0.36	0.37	0.39	0.40	0.42	0.43	0.44	0.45	0.46
		-33	0.37	0.38	0.39	0.40	0.42	0.43	0.45	0.46	0.48	0.49	0.52	0.54	0.56
		-35	0.40	0.42	0.43	0.44	0.46	0.47	0.49	0.50	0.52	0.54	0.56	0.58	0.60

表1-11 氨压缩机单位冷量耗电量（转速：960 r/min 及以上）

单位：kW·h/kW

氨压缩机	高低缸容积比	蒸发温度/℃	冷凝温度/℃											
			15	18	20	22	24	26	28	30	32	34	36	38	40
单级机		-10	0.14	0.16	0.17	0.18	0.19	0.20	0.22	0.23	0.25	0.26	0.28	0.29	0.30
		-15	0.18	0.20	0.21	0.22	0.24	0.25	0.27	0.28	0.30	0.31	0.33	0.35	0.37
双级机组	1:2	-28	0.29	0.31	0.32	0.34	0.36	0.37	0.38	0.40	0.41	0.43	0.44	0.46	0.48
		-33	0.35	0.38	0.39	0.40	0.41	0.43	0.44	0.46	0.48	0.50	0.51	0.53	0.55
		-35	0.39	0.41	0.42	0.44	0.45	0.46	0.48	0.49	0.51	0.53	0.54	0.55	0.57
	1:3	-28	0.29	0.30	0.31	0.33	0.35	0.36	0.38	0.39	0.40	0.42	0.43	0.44	0.45
		-33	0.34	0.36	0.38	0.39	0.40	0.42	0.43	0.44	0.46	0.47	0.49	0.50	0.52
		-35	0.38	0.40	0.41	0.42	0.44	0.45	0.47	0.48	0.50	0.51	0.53	0.55	0.56

对于冷冻品和机制冰，制定单位产品耗电量的定额比较容易，因为环境温度变化对其影响很小（围护结构渗入热只占总耗冷量的5%~10%）。可直接按下列公式计算：

单位产品耗电量 = 设备总耗电总量/冷加工产品总数量（t）

对于冷藏品，制定单位产品耗电量的定额比较困难，因为环境温度变化对其影响较大。因而只能以设计工况下的单位产品耗电量作为定额依据，并随环境温度变化进行调整。可参照下列公式计算：

单位产品耗电量 = 设备总耗电总量/贮藏数量（t）·£

式中：£ 环境温度修正系数，可按 £ = $(t_{实} - t_{库})/(t_{设} - t_{库})$ 进行计算，$t_{实}$ 为实际环境温度，$t_库$ 为库房温度，$t_设$ 为设计环境温度。

另外，可参照以往类似冷库的使用经验，其单位产品耗冷、耗电量见表 1 – 12。

表 1 – 12 某 5 000 t 冷库单位产品耗冷、耗电量表

产品名称	单位	产量	耗冷量/kW	耗电量/（kW·h）		单位产品耗冷量/kW	单位产品耗电量/（kW·h/t）
				制冷用电	风机用电		
猪肉冷加工	t	800	86 458	45 464	12 500	108	72.45
机制冰	t	300	43 981	15 999	—	147	53.33
贮冰	t	3 000	4 356	2 023	—	1.44	0.67
冷却物冷藏	t·d	32 000	44 450	16 169	5 000	1.38	0.66
冻结物冷藏	t·d	95 000	61 888	28 749		0.65	0.30
合计		以月计	241 133	108 404	17 500	—	—

2. 及时进行技术改造，淘汰能耗大的设备

科学技术在不断地发展，各种能耗低、效益高的设备会不断地出现。要及时进行技术改造，用新技术、新设备替代旧设备、老技术。根据实际测定，各类旧型号制冷压缩机单位轴功率制冷量普遍比新系列的制冷压缩机低，能耗指标高。如 20 世纪 50 年代生产的 5 – 135/12 和 5 – 200/12 这两种型号的氨活塞式制冷压缩机与 8AS – 12.5 氨活塞式制冷压缩机相比，单位轴功率制冷量分别降低 15% 和 4%。

3. 合理堆垛，提高库房利用率

对商品进行合理堆垛、正确安排，能使库房增加装载量，即提高了库房的利用率（在设计许可条件下）。

（1）改进堆码方式或提高堆码技术可提高商品堆码密度。如冻猪肉的堆码，四片井字垛头，平均每立方米库容可贮存 375 ~ 394 kg；三片井字垛头，每立方米库容只能贮存 331 ~ 338 kg。可见四片井字垛头比三片井字垛头的装载量高约 13%。

近年来，有的冷库广泛采用金属框架为垛头堆放猪肉，中间进行分层错排填装，平均每立方米库容可贮 420 ~ 435 kg。

（2）充分利用有效容积。由于商品质量、批次、数量、级别等不同，即便货源充足也会有部分容积利用不足的情况发生。因此，在使用中应采取勤整并、巧安排等办法，减少零星货堆，缩小货堆的间隙，适当扩大货堆容量，提高库房有效容积利用率。

4. 其他措施

（1）对制冷系统定期放油、放空气、融霜和除水垢，以保持热交换设备良好的传热效果和充分利用传热面积，达到降低制冷系统的能量消耗。

据资料介绍，蒸发器传热面如有 0.1 mm 厚的油膜，为了保持已定的低温要求，蒸发温度要下降 2.5 ℃，耗电增加 11%；当冷凝器的水管壁结水垢 1.5 mm 时，冷凝温度要比原来高 2.8 ℃，耗电增加 9.7%；当制冷系统中混有不凝结气体，其分压力达到 1.96×205 Pa 时，耗电要增加 18%。

（2）要注意改善冷却水系统的水质，减缓热交换器上的结垢现象发生，保持热交换器良好的传热效果，降低冷凝压力（冷凝温度），以达到节能的目的。据计算可知，冷凝温度

在25～40 ℃时，每升高1 ℃，增加耗电量3.2%左右。

（3）节约用水。这样做既能节省水源，又能节省电能。制冷系统用水主要在下列三个方面：冷凝器用水；压缩机气缸冷却用水；冷风机冲霜用水。为了节约用水，大多数制冷系统都采用循环用水。

（4）制冷系统运行时，应根据库房的热负荷和外界环境温度，合理调配制冷设备（压缩机、氨泵、水泵、冷却塔风机、冷风机等）。

课后练习

一、选择题

1. 中型冷库的容量是（　　）。
   A. 250～1 000 t
   B. 1 000～3 000 t
   C. 3 000～10 000 t
   D. 2 000～10 000 t
2. 果蔬最适合贮藏在（　　）。
   A. 高温库　　B. 中温库　　C. 低温库　　D. 气调库
3. 气调库特有的设施包括（　　）。
   A. 气密门　　B. 调压气袋　　C. 安全阀　　D. 技术走廊
   E. 观察窗
4. 食品的冻结过程由三个阶段组成，其中第三阶段是（　　）。
   A. 冷却阶段　　B. 冰晶形成阶段　　C. 冻结阶段　　D. 冻结降温阶段
5. 对于水泵、冷却塔风机等制冷系统共用的设备，可按各制冷系统（　　）制冷压缩机的制冷量大小进行分配计算。
   A. 冻结　　B. 制冰、贮冰　　C. 高温冷藏　　D. 低温冷藏

二、思考题

1. 结合参观和实习，冷库有哪些生产区域及基本单元？
2. 冷库有哪些配套设施，分别有什么功能？
3. 什么是气调式冷库？它的制冷系统有什么特点？
4. 气调式冷库的管理有哪些要点？
5. 在果蔬进入气调库前，为什么要进行库房的气密性检测？

三、实训操作题

2018年，公司计划进入广西市场，增设广西销售分公司，分公司下设物流部。根据销售部门预测，未来5年，广西市场月均冻肉销售量为300～400 t。物流部计划在广西省会城市南宁设一个冻肉分拨中心，负责承接总部物流中心产品的供应，同时负责供应广西省二级城市客户的需求产品。总部物流中心规定各分拨中心库存周转天数为10 d。假如你是分公司的物流部经理，请根据《冷库设计规范》GB 50072—2001的相关内容，规划广西分拨中心冷库的面积。

四、案例分析

太古冷库的精细化运营管理

在竞争越来越激烈的冷链物流市场，高端冷库作为稀缺资源，凭借其先进的设计和精细化的运营管理，逐渐抢占了市场。其中，精细化运营管理作为冷库的"软实力"，在市场角

逐中愈发凸显优越性，成为提高冷库竞争力的重要途径。

太古冷藏仓库有限公司（下称"太古冷藏"）成立于2010年，是太古集团股份有限公司（下称"太古集团"）的全资子公司。太古集团将冷藏业务作为核心业务之一，致力于为客户提供先进的冷藏设施及冷链物流服务，旗下拥有超过50座冷库。太古冷藏自2011年开始在中国进行冷链物流布局，目前已有位于广州、上海、廊坊、宁波与南京的5座现代化冷库建成并投入运营，另有成都、厦门和武汉3座冷库正在建设中。太古冷藏的目标是到2020年，在中国建成由13座大型现代化冷库组成的冷链物流服务网络，服务覆盖全国2/3的人口。

冷库概况

宁波冷库是太古冷藏在中国华东地区布局的重要节点，位于宁波经济技术开发区，地处世界少有的天然良港和中国四大深水枢纽港之一的北仑港区现代国际物流园区，地理位置优越，交通便利。

据了解，太古冷藏在中国建设的冷库均参照美国标准，采用世界先进的设计理念及尖端的建造工艺，宁波冷库也是如此。该项目投资约3亿元人民币，总占地面积约68 000 m^2，建筑面积约44 000 m^2，能提供40万 m^3 的温控存储空间，总容量超过7万托盘。冷库主要存储宁波、舟山的水产品，以及肉类、水果等，同时也为国际知名的快递公司提供冷藏仓储服务。此外，宁波冷库还可为客户提供一站式综合冷链物流服务及多样化物流配套服务。目前，冷库一期（35 000托）已投入运营，二期正在建设中。

1. 设计亮点

宁波冷库分为不同的独立库房，可按客户的需求提供 –25～15 ℃ 的多温区存储服务，并采用智能化的制冷温控技术和可视化的温控数据管理系统，实现冷库温度的实时监测，保障存储货品的品质。

冷库高度超过20 m，安装了分为8层的高位双深度货架系统，并采用品质一流的高位叉车，每层货架的空间高度可根据不同货物的要求进行灵活调节。

除了拥有多个温区的库房以及0～4 ℃ 的制冷缓冲间（穿堂）外，宁波冷库还采用了多种专业物流设备。以装卸作业平台为例。它由液压式升降平台、工业滑升门、可根据车辆尺寸进行调节的充气式门封、倒车指示灯以及视频监控系统等组成，以确保装卸作业过程中有效控制温度，实现规范作业，保障货物品质不受影响。

宁波冷库引进了太古集团参与开发的先进的仓储管理系统（WMS），可为客户提供24 h获取库存详情、发货状态、订单打印及其他信息服务。

2. 运营管理精细化

我国冷链物流比发达国家起步晚，专业化水平较低。国内传统冷库大部分是为满足本企业的需求而建立的，规模较小，空间利用率不高。特别是在运营管理方面缺乏规范，信息系统建设落后，多数采用人工作业，现场管理混乱。部分冷库的操作人员未经专业培训就上岗，作业效率低，易出现因操作不当而损坏存储货物的情况，甚至引发安全事故。在此情况下，我国冷链物流市场对冷库的精细化运营管理提出了迫切要求。

同太古冷藏其他的冷库一样，宁波冷库也引入了精细化运营管理体系，从信息系统投入，到作业规范要求，到日常员工管理，再到设施设备维护，建立了一系列科学、规范的管理制度并严格执行，从而提升了太古冷库的运作效率，并优化了运营成本。

(1) 加强信息化管理。

太古冷藏旗下所有冷库均采用太古集团参与开发的 WMS 系统来管理。通过电子数据交换（EDI）技术，WMS 系统能够与业内通用的企业资源计划（ERP）系统实现对接。此外，WMS 系统可实现对每一托盘货物所在的库房、货架位置的精确记录，同时可以反向追踪每个库位上存放的货物的名称、入库时间、质检信息等。

太古冷藏计划在中国的所有冷库实现网络化运营。由于使用同一套 WMS 系统，未来 13 座冷库之间可实现信息互联共享，帮助客户实现存储量管理、品类管理、货期管理，以及不同仓库之间的缺货互补，进而提升太古冷库的服务水平，满足客户需求。

在温度控制方面，宁波冷库采用温度监控系统，可做到全天候的实时温度监控，运用智能化的制冷温控技术调节库区温度，并能实现可视化的温度数据管理。

库内作业以无线射频（RF）系统代替传统的人工纸单作业，在提升作业效率的同时，也提高了信息管理的准确率。

(2) 作业流程规范化。

太古客户的货车大部分是厢式车，与装卸平台对接时，会因尺寸等因素产生间隙。为保证冷链不断链，宁波冷库的卸货平台设计了充气门封气囊，可根据车辆尺寸调整大小，保证装卸作业在合适温度环境下进行。同时，装卸作业平台设有视频监控系统，以此监督作业人员规范作业，杜绝野蛮作业情况的发生，保障货品不受损坏，保护客户利益。

针对客户的货品不符合入库温度要求的情况，太古冷库会选择适当的方式对货品进行预冷处理，更好地保障入库货品的品质。

宁波冷库目前存储的水产品大多是海鲜产品，以金枪鱼、鱿鱼等为主。为维持库区整洁及延长木托盘的使用寿命，宁波冷库另外购置了专用纸板铺在木托盘上方，以防止海鲜产品血水滴落。另外，为防止存储货品干耗，最大限度地降低客户的损失，宁波冷库采用塑料袋及缠绕膜对货品进行打包后再码盘。

太古冷库严格把控库存货品的品质，会有专人负责进行每天两次的入库巡检，确保货品存储状态符合与客户签署的服务对等协议（SLA）要求。太古冷库实行严格的不良品管控制度，建立了一套可追溯的不良品销毁体系，并委托当地有资质的第三方企业施行。

在安全管理方面，按作业内容不同，宁波冷库工作人员进入库区穿着不同颜色或标识的反光背心，以便于目测管理，防止外来人员闯入，并实现相互监督。

在出入库环节，太古冷库要求客户提前 24 h 进行预约，WMS 系统会自动生成入库/出库预约单。同时，客服部门会在 0.5 h 内响应客户要求，然后进行内部协调，以保证满足客户的需求。

(3) 员工管理精细化。

太古冷库库区推行 6 项精细化管理，即整理、整顿、清扫、清洁、素养及安全。每个岗位都有具体详细的规则要求。库内区域细分成若干部分，按照日常使用需要的频率，细分为每日、每周或每月清洁。每项工作都以表格形式签名记录。

办公区域实行的管理制度包括桌面位置摆放规范、办公区工作纪律规定、办公区域环境卫生管理与办公室安全管理。

在作业考核方面，太古冷库细化到每人、每日、每个时间段的工作内容记录，同时会记录下完成的工作量。根据日工作量计算出该员工的日工作效率，以此作为绩效考核标准之一。

此外，太古冷库有着严格的员工录用标准，仓管员的录取比例仅为10%。宁波冷库的仓管员身兼叉车工的职能，对其职业素质及技能要求很高。每位库内作业员工在入职时都会进行2~3个月的培训，在每项培训考核都合格后才能上岗。

（4）做好设备维护。

宁波冷库要求员工在每天上班前对叉车行程记录表进行点检，在使用后对叉车进行清洁，叉车发生损坏时要在第一时间进行维修。负责部门会细化设备损坏的不同原因，进行责任划分。针对人为事故，会形成事故报告，并在后续的安全会议上指导员工避免类似错误的再次出现。

（5）显著增强竞争力。

一方面，太古宁波冷库通过实行精细化运营管理，提高了冷库运行效率，减少了作业差错和失误，并优化了运营成本。另一方面，员工的工作得到了细化、量化和标准化，员工的积极性得到了充分发挥，形成了良好的企业文化，增强了企业竞争力。

宁波冷库自2015年7月运营以来，客户类型多样，其中不乏红酒、橄榄油等对操作及存储要求高的高端产品。宁波冷库通过精细化运营管理，确保产品在运输、存储过程中不受损坏，保障了货物安全及客户利益。

此外，宁波冷库根据客户情况制定个性化的服务内容，例如水果需要全通风码盘，同时对搬运及上架都提出了更严格细致的操作要求。宁波冷库通过细化、优化作业环节，保障了货物的品质。

通过专业化冷库建设与精细化运营管理，太古冷藏不断增强自身实力，提升了市场竞争力，以优质的服务赢得了合作客户的一致肯定和好评。

案例思考：

1. 太古冷库的精细化管理包括哪些方面？
2. 查找资料，分析我国冷库运营管理存在的问题。怎样解决这些问题？

第二章

冷链运输管理

知识目标

掌握冷藏汽车的简单构造；
了解冷藏工具的发展；
掌握冷藏运输的操作规范与管理。

技能目标

能准确地掌握冷藏汽车的构造及组成；
能够熟练运用冷链运输操作规范指导工作。

职业能力目标

具有吃苦耐劳、刻苦钻研、团结协作的优秀品质。

第一节　冷藏运输工具

冷藏运输是食品冷藏链中十分重要而又必不可少的一个环节，由冷藏运输设备来完成。冷藏运输设备是指本身能制造并维持一定的低温环境，用来运输冷冻食品的设施及装置，包括冷藏汽车、铁路冷藏车、冷藏船和冷藏集装箱等。从某种意义上讲，冷藏运输设备是可以移动的小型冷藏库。

一、对冷藏运输设备的要求

虽然冷藏运输设备的使用条件不尽相同，但一般来说，它们均应满足以下条件：
① 能产生并维持一定的低温环境，保持食品低温的恒定；
② 隔热性好，能尽量减少内外热量的交换；

③ 可根据食品种类或环境变化调节温度；
④ 制冷装置在设备内所占空间要尽可能地小；
⑤ 制冷装置重量轻，安装稳定，安全可靠，不易出故障；
⑥ 运输成本低。

二、冷藏汽车

1. 对冷藏汽车（refrigerated trucks）的要求

公路冷藏汽车具有使用灵活、建造投资少、操作管理与调度方便的特点，它是食品冷藏链中重要的、不可缺少的运输工具之一。它既可单独进行易腐食品的短途运输，也可以配合铁路冷藏车、水路冷藏船进行短途转运。

虽然冷藏汽车可采用不同的制冷方法，但设计时都应考虑如下因素：① 车厢内应保持的温度及允许的偏差；② 运输过程所需要的最长时间；③ 历时最长的环境温度；④ 运输的食品种类；⑤ 开门次数。

2. 冷藏汽车的冷负荷

一般来说，食品在运输前均已在冷冻或冷却装置中降到规定的温度，所以冷藏汽车无须再为食品消耗制冷量，冷负荷主要由通过隔热层的热渗透及开门时的冷量损失组成。如果冷藏运输新鲜的果蔬类食品，则还要考虑其呼吸热。

通过隔热层的传热量与环境温度、汽车行驶速度、风速和太阳辐射等有关。在停车状态下，太阳辐射是主要的影响因素；在行驶状态下，空气与汽车的相对速度是主要的影响因素。

车体壁面的隔热性好坏对冷藏汽车的运行经济性影响很大，要尽力减少热渗透量。隔热层最常用的隔热材料是聚苯乙烯泡沫塑料和聚氨酯泡沫塑料，其传热系数小于 $0.6 \text{ W}/(\text{m}^2 \cdot \text{K})$，具体数值取决于车体及其隔热层的结构。从热损失的观点看，车体最好由整块玻璃纤维塑料制成，并用现场发泡的聚氨酯泡沫塑料隔热，在车体内、外装设气密性护壁板。

由于单位时间内开门的次数及开、关间隔的时间均不相同，所以开门冷量损失的计算较困难，一般凭经验确定，其值比壁面热损失大几倍。分配性冷藏汽车由于开门频繁，冷量损失较大，而长途冷藏汽车可不考虑此项损失。若分配性冷藏汽车每天工作 8 h，可按最多开门 50 次计算。

3. 冷藏汽车的分类

根据制冷方式，冷藏汽车可分为机械冷藏汽车、液氮或干冰冷藏汽车、蓄冷板冷藏汽车等多种。这些制冷系统彼此差别很大，选择使用方案时应从食品种类、运行经济性、可靠性和使用寿命等方面综合考虑。

（1）机械冷藏汽车（mechanical refrigerated trucks）。

机械冷藏汽车内装有蒸汽压缩式制冷机组，采用直接吹风冷却，车内温度实现自动控制，很适合短、中、长途或特殊冷藏货物的运输。

图 2-1 所示为机械冷藏汽车基本结构及制冷系统。该冷藏汽车属分装机组式，由汽车发动机通过传动带带动制冷压缩机，通过管路与车顶的冷凝器、车内的蒸发器及有关阀件组成制冷循环系统，向车内供冷。制冷机的工作和车厢内的温度由驾驶员直接通过控制盒操

作。这种由发动机直接驱动的汽车制冷装置,适用于中、小型机械冷藏汽车,其结构比较简单,使用灵活。由于分装式制冷机组管线长、接头多,在振动条件下容易松动,制冷剂泄漏的可能性大,设备故障较多,所以对大、中型机械冷藏汽车不合适。大、中型机械冷藏汽车可采用半封闭或全封闭式制冷压缩机及风冷冷凝机组。

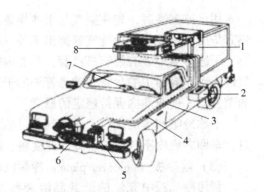

图2-1 机械冷藏汽车基本结构及制冷系统
1—冷风机;2—蓄电池箱;3—制冷管路;
4—电气线路;5—制冷压缩机;6—传动带;
7—控制盒;8—风冷式冷凝器

机械冷藏汽车的优点:车内温度比较均匀稳定,温度可调,运输成本较低。缺点:结构复杂,易出故障,维修费用高;初投资高;噪声大;大型车的冷却速度慢,时间长;需要融霜。

(2)液氮或干冰冷藏汽车(LN$_2$/dry ice refrigerated trucks)。

这种冷藏汽车的制冷剂是一次性使用的,或称消耗性的。常用的制冷剂包括液氮、干冰等。

液氮冷藏汽车主要由隔热车厢、液氮罐、喷嘴及温度控制器组成。其制冷原理主要是利用液氮汽化吸热,使液氮从-196℃汽化并升温到-20℃左右,吸收车厢内的热量,实现制冷并达到给定的低温。

图2-2为液氮冷藏汽车的基本结构。安装在驾驶室内的温度控制器用来调节车内温度。电控调节阀为一低温电磁阀,接受温度控制器的信号,控制液氮喷淋系统的开、关。紧急关闭阀的作用是在打开车厢门时,关闭喷淋系统,停止喷淋,可以自动或手动控制。

冷藏汽车装好货物后,通过控制器设定车厢内要保持的温度,而感温器则把测得的实际温度传回温度控制器。当实际温度高于设定温度时,液氮管道上的电磁阀自动打开,液氮从喷嘴喷出降温;当实际

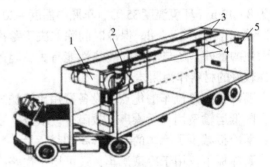

图2-2 液氮冷藏汽车基本结构
1—液氮罐;2—液氮喷嘴;3—门开关;
4—安全开关;5—安全通气窗

温度降到设定温度后,电磁阀自动关闭。液氮由喷嘴喷出后,立即吸热汽化,体积膨胀高达600倍,即使货堆密实,没有通风设施,氮气也能进入货堆内。冷的氮气下沉时,在车厢内形成自然对流,使温度更加均匀。为了防止液氮汽化时引起车厢内压力过高,车厢上部装有安全排气阀,有的还装有安全排气门。

液氮制冷时,车厢内的空气被氮气置换,而氮气是一种惰性气体,长途运输果蔬类食品时,可抑制其呼吸作用,延缓其衰老进程。

液氮冷藏汽车的优点:装置简单,一次性投资少;降温速度很快,可较好地保持食品的质量;无噪声;与机械制冷装置比较,重量大大减小。缺点:液氮成本较高;运输途中液氮补给困难,长途运输时必须装备大的液氮容器,减少了有效载货量。

用干冰制冷时，先使空气与干冰换热，然后借助通风使冷却后的空气在车厢内循环，吸热升华后的二氧化碳由排气管排出车外。有的干冰冷藏汽车在车厢中安装四壁隔热的干冰容器，干冰容器中装有氟利昂盘管，车厢内安装氟利昂换热器，在车厢内吸热汽化的氟利昂蒸气进入干冰容器中的盘管，被盘管外的干冰冷却，重新凝结为氟利昂液体后，再进入车厢内的蒸发器，使车厢内保持规定的温度。

干冰冷藏汽车的优点：设备简单，投资费用低；故障率低，维修费用少；无噪声。缺点：车厢内温度不够均匀，冷却速度慢，时间长；干冰的成本高。

(3) 蓄冷板 (holdover plate) 冷藏汽车。

利用冷冻板中充注的低共晶溶液蓄冷和放冷，实现冷藏汽车的降温。冷冻板厚 50~150 mm，外表是钢板壳体，其内腔充注蓄冷用的低共晶溶液，内装有充冷用的盘管，即制冷蒸发器。制冷剂在蒸发盘管内汽化时，使低共晶溶液冻结，对冷冻板"充冷"。当冷冻板装入汽车车厢后，冻结的共晶体既不断吸热，进行"放冷"，使车内降温，又维持与共晶体溶液凝固点相当的冷藏温度。在冷冻板内，低共晶体吸热全部融化后，可再一次充冷，以备下一次使用。

图 2-3 为蓄冷板冷藏汽车示意图。蓄冷板可装在车厢顶部，也可装在车厢侧壁上。蓄冷板距车厢顶或侧壁 4~5 cm，以利于车厢内的空气自然对流。为了使车厢内温度均匀，有的汽车还安装了风扇。蓄冷板汽车的蓄冷时间一般为 8~12 h（环境温度 35 ℃，车厢内温度 -20 ℃），特殊的冷藏汽车可达 2~3 d。保冷时间除取决于蓄冷板内低共晶溶液的量外，还与车厢的隔热性能有关，因此应选择隔热性较好的材料作为厢体。

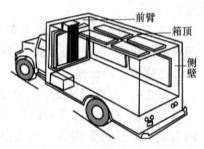

图 2-3 蓄冷板冷藏汽车

蓄冷板冷藏汽车的优点：设备费用比机械式的少；可以利用夜间廉价的电力为蓄冷板蓄冷，降低运输费用；无噪声；故障少。缺点：蓄冷能力有限，不适合于超长距离运输冻结食品；蓄冷板减少了汽车的有效容积和载货量；冷却速度慢。

蓄冷板不仅用于冷藏汽车，还可用于铁路冷藏车、冷藏集装箱、小型冷藏库和食品冷藏柜等。

除了上述冷藏汽车外，还有一种保温汽车，它没有任何制冷装置，只在厢体上加设隔热层。这种汽车不能长途运输冷冻食品，只能用于市内由批发商店或食品厂向零售商店配送冷冻食品。

三、铁路冷藏车

在食品冷藏运输中，铁路冷藏车 (refrigerated trains) 具有运输量大、速度快的特点，它在食品冷藏运输中占有重要地位。良好的铁路冷藏车具有以下特点：良好的隔热性能，并设有可控制温度的制冷、通风和加热装置；能适应恶劣气候；耐冲击和抗振性能好；维修方便，大修期长；具有备用机组；操作自动化。铁路冷藏车是我国食品冷藏运输的主要承担者。

铁路冷藏车主要包括加冰铁路冷藏车、液氮或干冰铁路冷藏车、机械制冷铁路冷藏车等几种类型。

1. 加冰铁路冷藏车

加冰铁路冷藏车以冰或冰盐作为冷源,利用冰或冰盐混合物的溶解,使车内温度降低,在冷藏车内可获得0℃及0℃以下的低温。

图2-4为加冰铁路冷藏车的示意图,车厢内带有冰槽,冰槽可以设置在车厢顶部,也可以设置在车厢两头。设置在顶部时,一般车顶装有6~7只马鞍形贮冰箱,2~3只为一组。为了增强换热,冰箱侧面、底面设有散热片。每组冰箱设有两个排水器,分左右布置,以不断清除融解后的水或盐水溶液,并保持冰箱内具有一定高度的盐水水位。

冰槽设置在车厢顶部时,由于冷空气和热空气的交叉流动,容易形成自然对流,加之冰槽沿车厢长度均匀布置,即便不安装通风机也能保证车厢内温度均匀,但结构较复杂,且箱底易积存杂物。

冰槽设置在车厢两头时,为使冷空气在车厢内均匀分布,需安装通风机,而且由于冰箱占地,载货面积减少约25%。对于水产品,可直接把碎冰撒在包装箱里面,然后将包装箱码放在火车厢中,车厢底面有排水管将融化的冰水排至车外。

如果车厢内要维持0℃以下的温度,可向冰中加入某些盐类,车厢内的最低温度随盐的浓度而变化。

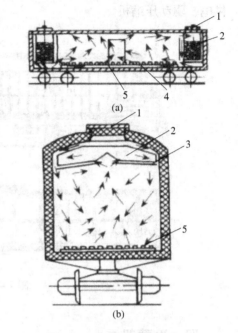

图2-4 加冰铁路冷藏车
(a)端装式 (b)顶装式
1—冰箱盖;2—冰箱;3—防水板;4—通风槽;
5—离水格栅

2. 干冰铁路冷藏车

若食品不宜与冰、水直接接触,可用干冰代替冰。但由于干冰的温度较低,使用时应用纸或布将干冰包起来,以控制其升华速度,同时可防止食品发生冻害或冷害。

干冰最大的特点就是从固态直接变为气态,而不产生液体。但是,若空气中含有水蒸气,干冰容器表面上将结霜,干冰升华完后,容器表面的霜会融化为水落到食品上。因此,要在食品表面覆盖一层防水材料。

用干冰制冷的铁路冷藏车在运输新鲜的果蔬类产品时,要注意通风或果蔬的包装,避免干冰融化产生过高的二氧化碳浓度,造成果蔬无氧呼吸,加速果蔬的腐烂变质。

用液氮和干冰制冷的铁路冷藏车,其原理和结构与冷藏汽车的原理和结构并无很大差别。

3. 机械制冷铁路冷藏车

机械制冷铁路冷藏车是以机械式制冷装置为冷源的冷藏车,它是目前铁路冷藏运输中的主要工具之一。机械制冷铁路冷藏车的优点:制冷速度快、温度调节范围广、车内温度分布均匀和运送迅速;可以根据运输货物的特点调节车内温度,既可运输10℃以上的南方果蔬产品,又可运输处于冻结状态的冷冻食品;能实现制冷、加热、通风换气以及融霜的自动化。缺点是造价高,维修复杂,使用技术要求高。

机械制冷铁路冷藏车有两种结构形式。一种是每一节车厢都备有自己的制冷设备,用自备的柴油发电机组来驱动制冷压缩机。这种铁路冷藏车可以单节与一般货物车厢编列运行，如图2-5所示。另一种是车厢中只装有制冷机组，没有柴油发电机。这种铁路冷藏车不能单节与一般货物列车编列运行，只能组成单一机械列车运行，由专用车厢中的柴油电机统一供电，驱动压缩机。

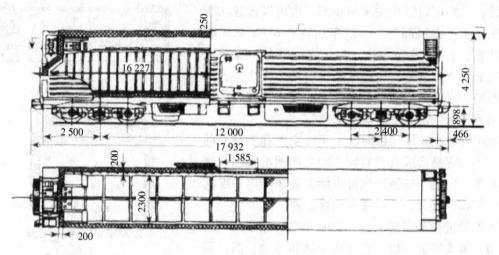

图2-5 机械制冷铁路冷藏车

四、冷藏船

冷藏船（refrigerated ships）主要用于渔业，尤其是远洋渔业。远洋渔业的作业时间很长，有的长达半年以上，必须用冷藏船将捕捞物及时冷藏或冷冻加工。此外，由海路运输易腐食品也必须用冷藏船。

1. 冷藏船的分类

冷藏船可分为三种：冷冻母船、冷冻运输船和冷冻渔船。冷冻母船是万吨以上的大型船，它配备冷却、冻结装置，可进行冷藏运输。冷冻运输船包括集装箱船，其箱内温度波动不超过±5℃。冷冻渔船一般是指备有低温装置的远洋捕鱼船或船队中较大型的船。

2. 冷藏船用制冷装置

冷藏船上一般都装有制冷装置，船舱隔热保温。图2-6为船用制冷装置布局示意图。船上条件与陆用制冷设备的工作条件大不相同，因此船用制冷装置的设计、制造和安装需要具备专门的实际经验。在设计过程中，一般应注意以下几个方面的问题：

（1）船上的机房较狭小，所以制冷装置既要尽可能紧凑，又要为修理留下空间。考虑到生产的经济性和在船上安装的快速性问题，人们越来越多地采用系列化组装部件，其中包括若干特殊结构。

（2）设计船用制冷装置时，要注意船舶的摆动问题。在长时间横倾达15°和纵倾达5°的情况下，制冷装置必须能保持工作正常。

（3）与海水接触的部件，如冷凝器、泵及水管等，必须由耐海水腐蚀的材料制成。

（4）船下水后，环境温度变化较大，对于高速行驶的冷藏船，水温可能每几个小时就发生较大变化，而冷凝温度也要相应地改变，船用制冷装置需按最高冷凝温度设计。

（5）环境温度的变化还会引起渗入冷却货舱内的热量的变化，因此必须控制制冷装置的负荷波动。船用制冷装置上一般都装有自动热量调节器，以保持货舱温度恒定不变。

（6）运输过程中，为了确保制冷装置连续工作，必须安装备用机器和机组。

（7）船用制冷压缩机的结构形式与陆用并无多大差别，但由于负荷波动强烈，压缩机必须具有良好的可调性能。因此，螺杆式压缩机特别适于船上使用。

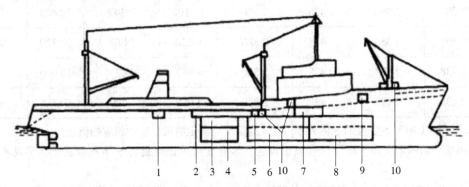

图 2-6　船用制冷装置布局示意图
1—平板冰结装置；2—带式冻结装置；3—中心控制室；4—机房；5—大鱼冻结装置；
6—货舱1；7—空气冷却器室；8—货舱2；9—供食品用的制冷装置；10—空调中心

五、冷藏集装箱

集装箱已是国内外公认的一种经济合理的运输工具，它在海、陆、空运输中占有重要的地位，具有重要作用。冷藏集装箱技术和冷藏集装箱运输更具有特殊的意义。大力发展集装箱运输是我国交通运输的发展趋势。

所谓冷藏集装箱（reefer container），就是具有一定隔热性能、能保持一定低温、适用于各类食品冷藏贮运而进行特殊设计的集装箱。冷藏集装箱出现于20世纪60年代后期，具有钢质轻型骨架，内、外贴有钢板或轻金属板，两板之间充填隔热材料。常用的隔热材料有玻璃棉、聚苯乙烯、发泡聚氨酯等。

1. 冷藏集装箱的分类

根据制冷方式，冷藏集装箱主要包括以下几种类型。

（1）保温集装箱：无任何制冷装置，但箱壁具有良好的隔热性能。

（2）外置式保温集装箱：无任何制冷装置，隔热性能很强。箱的一端有软管连接器，可与船上或陆上供冷站的制冷装置连接，使冷气在集装箱内循环，达到制冷效果。一般能保持 -25 ℃的冷藏温度。

（3）内置式冷藏集装箱：箱内带有制冷装置，可自己供冷。制冷机组安装在箱体的一端，冷风由风机从一端送入箱内。如果箱体过长，则采用两端同时送风的方式，以保证箱内温度均匀。

（4）液氮或干冰冷藏集装箱：利用液氮或干冰制冷。

2. 冷藏集装箱的型号

冷藏集装箱的尺寸已标准化，见表2-1。

表2-1 冷藏集装箱的尺寸

型号	高/mm		宽/mm		长/mm		总重量/kg	最小内部容积/m³
	外部尺寸	最小内部尺寸	外部尺寸	最小内部尺寸	外部尺寸	最小内部尺寸		
1AA	2 591	2 350	2 438	2 330	12 192	11 988	30 480	65.6
1CC	2 591	2 350	2 438	2 330	6 058	5 867	20 320	32.1
10D	2 438	2 197	2 438	2 330	4 012	3 823	10 000	19.6
5D	2 438	2 197	2 438	2 330	1 968	1 780	5 000	9.1

注：1. 尺寸以20℃时测量的数值为准，在其他温度下测定的尺寸应做相应的修正。

2. 专用集装箱的宽度和长度应符合表中规定，其高度可以根据货物的体积来决定，但高不得超过2 591 mm。

3. 最小内部容积是根据最小内部尺寸计算的参考值，角件深入集装箱内的部分不作为集装箱的内部尺寸，因此，对其他专用集装箱（如保温集装箱、冷藏集装箱）的最小内部尺寸需另行制定。

4. 集装箱重量系列采用5 t、10 t、20 t和30 t四种，相应的型号为5D、10D、1CC及1AA型。5 t和10 t集装箱主要用于国内运输；20 t和30 t集装箱主要用于国际运输。集装箱总重是指集装箱自重及其最大容许载重之和。

3. 冷藏集装箱的特点

用集装箱运输的优点：更换运输工具时，不需要重新装卸食品；箱内温度可以在一定的范围内调节，箱体上还设有换气孔，因此能适应各种易腐食品的冷藏运输要求，而且温差可以控制在±1℃之内，避免了温度波动对食品质量的影响；集装箱装卸速度很快，使整个运输时间明显缩短，降低了运输费用。

另外，陆运集装箱还有其独特的优点：

（1）与铁路冷藏车相比，陆运集装箱在产品数量、品种和温度上的灵活性大大增加。铁路冷藏车大列挂20节冷藏车厢，小列挂10节冷藏车厢，不管货物多少，只能有两种选择，而集装箱的数量可随意增减；铁路冷藏车的温度调节范围较小，而且加冰冷藏车的车厢内温度更难控制。

（2）由于柴油发电机的开停也受箱内温度的控制，使用陆运集装箱避免了柴油机空转耗油，使集装箱在7天运行期间中途不用加油。

（3）陆用集装箱的箱体构造轻巧、造价低。

（4）能最大限度地保持食品质量，减少运输途中的损失。如运输新鲜蔬菜时，损耗率可从敞篷车的30%~40%降低到1%左右。

4. 气调集装箱

气调集装箱是在冷藏集装箱的基础上发展起来的，它通过调节运输过程中环境的气体成分来延缓果蔬的呼吸和成熟衰老等生理进程。一方面，气调集装箱同气调库一样，使用效果和运行费用受气密性的影响，所以要求它具有良好的气密性。另一方面，不管在海上还是在陆上的运输过程中，各种设备的工作环境远比气调库中的恶劣，所以对气调集装箱及其内部设备有很高的坚固性（能经受路途摇晃、颠簸）、可靠性（无须在路途中进行维修）和方便性（操作人员往往并非专业人士）等要求。

与冷藏集装箱一样，气调集装箱的外形尺寸是标准化的，但是气调设备往往会占据一定的贮藏空间。所以各生产商的一大任务就是在保证使用效果的前提下，尽量缩小气调设备的外形尺寸，使整套设备紧凑，提高有效容积。

第二节　冷藏货物运输操作

一、冷链运输作业要求

（一）准备

（1）装载货物前应检查车辆及装备，保证完好。
（2）装载货物前应对车厢内部进行清洁。

（二）装卸货

（1）货物装卸时应保持依次有序，码放应保持稳固。
（2）装货时货物不应遮挡车厢内的出风及回风口，且与车厢壁体间应保留适当空隙。
（3）装货时车厢应先预冷，符合装卸作业区温度，使内部空气温度达15℃以下。
（4）货物应在达到温度要求的条件下进行装货。
（5）对于污染原料、半成品或成品的货物或包装材料应有防止交叉污染的措施；无法防止交叉污染的，不得与其他货物一起运输。
（6）装卸后应确保车门关紧。
（7）在卸货过程中，应保持车门随开随关。

（三）运输

（1）运输期间的货物温度应按照 DB12/T 560—2015 的规定执行。该标准中未规定的货物应达到冷冻货物 –18 ℃以下或冷藏货物 7 ℃以下、冻结点以上的要求。
（2）在运输过程中保持全程均衡冷冻或冷藏状态。
（3）运输期间车辆或厢体重要部位意外损坏时，应进行货品的损坏调查，并安排适当的运输工具进行后续的运输作业。如有卸货或再装载需求，应尽速完成，并测试产品温度及记录结果。
（4）车辆长途运输时，应安装备用电源或相关备电装置。

（四）安全

（1）运输人员应了解车辆使用的冷媒成分、毒性程度，以及相关应急措施，一旦制冷系统泄漏，应立即停止车辆、通报处理、疏散附近人群，及时采取相应措施。
（2）使用有毒有害的冷媒时，未经适当换气前，运输人员不得进入车厢。
（3）冷机上应标识使用的冷媒成分及安全警告。

二、冷藏车使用要点

冷藏车进入中国市场已经有二十多年的历史了，尤其是近十年来，冷藏车的使用越来越广泛，食品、药品、化工产品、电子产品、鲜花、高档服装、高档家具等都已经与冷藏相关联，其目的是保证产品的质量稳定。但是，在使用中产品损坏等现象仍然存在，究其原因，主要是对冷藏车的使用方法不正确所致。那么，我们应该如何使用冷藏车？如何规避由于使用不当所带来的风险？

1. 正确的操作可以保证货物在完好的状态下得以保存及运送

只有正确地使用和操作冷藏车，才能够保证货物的完好保存和运送。因为冷藏车是专门用于运输对温度敏感的产品，所以温度的保证是冷藏车的关键。使用或操作不当都会导致货物不能在完好的状态下保存或运送。

2. 预防性保养可使维修及营运费用减至最低

在我们正常的使用过程中，对车辆及制冷机的保养与维护是必不可少的。只有按时对设备进行正确的维护和保养，才能保证设备的正常使用和延长设备的使用寿命。通常底盘发动机是按照行驶里程进行维护和保养的，而冷冻机组是按照发动机工作小时进行维护和保养的。通常制冷机组 500～700 h 进行一次维护和保养，需要更换机油滤芯、燃油滤芯、空气滤芯，并注意检查皮带的松紧度、制冷系统有无泄漏等。目前个别品牌（如美国冷王）的冷冻机组为了适应环保的需求、尽量减少对环境的破坏、减少有害物质的排放，采用合成机油或半合成机油来替代普通机油，从而延长了发动机的保养时间，因此，通常 2 000 h 做一次保养。另外，科学实验证明，使用这种高端机油，不仅可以减少对发动机的磨损，还可以减少发动机的燃油消耗。因此，科学的维护和保养，不仅可以保证设备的完好，还可以降低营运成本。

3. 合适的包装对于保护货物至关重要

对冷冻货用不通风的包装箱，对生鲜货用侧壁通风的包装箱。包装箱必须是抗压的。冷冻货物是不允许有风从表面吹过的，因为风吹过冷冻货物表面会使货物中的水分损失，从而导致货物质量下降。国家规定散装速冻食品一律不准销售，速冻食品必须有包装就是这个原因。生鲜产品在储运过程中仍然处于呼吸状态，如果没有很好的通风，货物就会变质损坏。因此必须保证这类货物有很好的通风和换气。

4. 在装货时，必须先对车厢进行预冷或预热

因为车辆停放在露天，通常车厢温度就是外界环境温度。若所运送的货物温度不是环境温度，货物装进车厢，环境温度就会影响运送货物的温度，从而导致运送货物的品质发生变化。因此装货前必须预冷车厢到所需要的温度。

但是，在装货时（卸货也一样）必须关闭制冷机组。许多人在装卸货物时都不关闭制冷机组，其实这是一种非常错误的操作。原因是：当我们把车厢预冷后，如果不关机，打开车厢门时，由于冷冻机组蒸发器的风扇在工作，风扇的正面是正压，而其背面是负压，因此冷气从车厢上部吹出，而下部会将外面的热空气快速吸进来，从而导致车厢内的温度快速上升；如果关机后再装卸货物，由于风机处于停止状态，空气流动停止，车厢内外风压一致，因此外部热空气传递进入车厢内的速度相对减缓。

5. 装货时检查货物温度，货物必须预冷到所需的温度

许多冷藏车的使用者都有一个错误的观念，总认为冷藏车上的冷冻机组可以随意将装入车厢内的货物冷冻或加热至其所需要的温度，因此总是把达不到所运输温度要求的货物装入车厢，再将制冷机组设定到其所需要的运输温度。他们想当然地认为，经过一定时间货物温度将降至或升至所需要的温度。

然而事实却相反，这样做不但不能使货物温度降下来（或升上去），反而使货物损坏或变质。因为冷藏车的制冷机组不是用来降低货物温度的，而是维持货物温度的。它就像我们过去卖冷饮时用的棉被，将货物包起来，当外界的冷（热）源通过辐射、传导、对流进入厢体时，制冷机组吹出的冷气将其带走，以隔绝热源进入货物。

因此，在装货时，必须先测量所装货物的温度。如果制冷机组的设定温度高于或低于货物温度，车厢内的货物温度就很难达到运输所需要的温度。货物的贮存温度与运输温度必须一致。如果货物温度经常发生变化，水分就会流失，导致货物品质发生变化，从而导致货物的货架期缩短。

6. 冷藏车必须保证车厢六面有较好的通风

一部合格的冷藏车，必须保证车厢六面有较好的通风，货物六面没有任何阻塞。良好的空气流通，可以保证货物在合适的温度要求下运输。冷冻机组吹出的冷（热）气体将外界进入车厢的冷（热）源与货物隔绝开来，从而保护了货物。如果某一位置发生阻塞，该部分的冷（热）源就会直接进入货物，导致货物温度发生变化。

确保回气遮板状况良好。不要阻塞蒸发器的入口（回风），回风不足会导致冷风不规则循环及造成顶部货物结冰。

7. 冷藏车采用双面托板来装货

一般的冷藏车地板都是采用带通风的铝导轨地板，但是也有一些冷藏车不带铝导轨，而是采用平的防滑地板。通常第三方运输企业或用于奶制品的企业运输车采用的是平的防滑地板，目的是适合于多种产品的运输，或便于清洗地面。但是装货时必须注意，一定要用双面托板来装货，以保证地面冷空气的流通。严禁将货物直接堆放在平面的地板上。

8. 冷藏车装货要选择合适的堆垛高度

装货时，不要将货物堆得太高，一定要保证装货高度不高于出风口的平面高度。出风口前面被货物挡住或离货物太近，不但会影响货物的储运温度，还会影响冷冻机组的正常工作。若出风口被货物堵塞，冷气（或热气）将不能在车厢内正常循环，会使货物局部温度升高。有些冷冻机组的除霜设计是采用空气感应除霜的。若货物与出风口太近，机组蒸发器内的盘管会快速结霜（或冰），空气感应开关随即启动，机组会迅速进入除霜状态；当盘管温度回升至9℃（设计温度）左右，除霜立即结束。机组会循环往复地出现上述操作，从而导致厢体内温度降不下来。这给大家的直观感觉就是机组总是频繁除霜，其实是货物装得太高（多）。

9. 冷藏车必须保持整洁

使用冷藏车时，应该保持车厢地面的洁净。由于蒸发器风机的作用，空气会在车厢内循环，导致地面的碎屑或脏东西被蒸发器风机吸入。长此以往，大量的杂质被吸入蒸发器盘管内，会影响制冷机组的制冷效果。因为盘管会被杂质一点点地包围起来，导致盘管的热交换率下降。冷藏车使用几年后大家会感觉制冷效果不如开始，除本身故障外，主要就是盘管太脏的原因。因此，保证车厢里地面的洁净是保证制冷机组正常工作的关键。

10. 正确操作冷藏车，保持车厢内合适的温度

为了保证车厢内的货物温度，对于市内配送车辆，建议使用条形门帘，以保证快速卸货时（在不关闭冷冻机组时）车厢内的冷气不会快速散发出去。不同温度的货物严禁存放在同一车厢空间内。应该用隔板分开摆放。由于冷冻机组是用来维持货物温度，而不是降温用的，因此不同温度的货物混装会影响货物的温度，导致货物质量受到影响。

正确操作和使用冷藏车，是保证温控货物品质的关键，也是保证制冷设备能够正常工作的关键所在。

第三节　冷藏运输管理

冷链物流的运作基本由两大部分组成：一是运输，二是仓储。冷链运输包含航空运输、船舶水路运输、铁路冷藏运输和公路运输。本节主要讲公路运输。仓储环节就是设立冷藏库或冷冻库，满足冷链运输储存的要求。公路冷链运输温度要求如下：

（1）冷冻运输（-18～-22℃），提供符合标准的冷冻运输车辆运送，例如速冻食品、肉类、冰激凌等货物。

（2）冷藏运输（0～8℃），提供符合标准的冷藏运输车辆运送，例如水果、蔬菜、饮料、鲜奶制品、花草苗木、熟食制品、各类糕点、各种食品原料等货物。

（3）恒温运输（18～22℃），提供符合标准的保温、温控运输车辆运送，例如巧克力、糖果、药品、化工产品、普通食品等货物。

一、冷链运输车辆的选择

（一）冷藏车辆形式的选择

冷藏车辆的选择是冷链运输首先遇到的问题。市场上冷藏车辆种类繁多，选择什么形式的车辆最适合本企业的运作模式，是购置车辆时首先应该考虑的问题。

公路冷藏运输车辆按形式可以分为冷藏集装箱车、冷藏箱式车、冷藏连杆箱式车等。按制冷机的安装及形式可分为单机制冷式车、双温控箱式车等。

目前，我国公路车辆开始标准化，非标准车辆将受到限制，所以运营单位在车辆的选择范围方面首先要考虑交通部批准的冷藏车辆系列。进口冷藏连杆箱式车还没有被允许在中国的道路上行驶。

在车辆形式的选择上，根据行业特点、产品特性等因素综合考虑。比如服务于海关的运输企业应选择拖挂式冷藏集装箱车，运输单一温度货物应选择冷藏箱式车，而服务于超市多温度产品的运输企业可以考虑双温控箱式车等。

（二）冷藏车辆大小的选择

冷藏车辆的吨位大小会影响到运营成本并限制车辆的使用安排。车辆的运营成本由车辆折旧、燃油费、修理费、人工费、路桥费、保险费和养路费等费用组成。在国外，司机的成本占了车辆运营费用的1/3，是非常大的一块。我国目前人工成本相对较低，但此种现象不会长期延续下去。车辆的费用很大一部分和车辆的行驶距离直接相关，所以加大单位距离的运载量是多数情况下应优先考虑的因素。一般来讲，车辆越大单位货物的运输成本越低。这也是为什么国外道路上跑的很多都是大吨位的车辆。在国内，受多方面条件的限制，选择车辆时考虑的因素要多一些。选择车辆大小时应考虑以下几方面因素。

运输业务模式：是批量长途运输还是小批量配送。长途运输应尽量选择大吨位的车辆。

运输道路限制：一般市内配送会受车辆限行的影响，在一定的期间内大吨位车辆不许进城，所以城市配送要考虑此因素。

订单批量：订单的批量小是目前运输企业特别是配送企业面临的主要问题。单位时间内一辆车能送几单货将制约车辆的装载能力。

（三）冷藏车辆制冷能力的选择

冷藏车辆的功能主要是保持货品的温度，而不是降低货品的温度。车辆配备的制冷机的功率大小取决于冷藏箱尺寸、货品温度要求、箱体保温材料及环境温度等。一般而言，在特定的区域内冷藏车辆的制冷机有标准的配置。不同大小的车箱有对应的温度，有与其相匹配的制冷机。但在货品质量及对冷链控制要求较高的情况下，可以选择高一级的制冷机配置。

（四）冷藏车辆制冷形式的选择

目前冷藏车辆的制冷形式主要分为独立车载发动机制冷、冷板制冷、外接电源制冷和压缩气体制冷等形式。外接电源制冷主要用于船运制冷集装箱，压缩气体制冷形式在日本冷藏车辆上部分使用。在中国公路冷藏车辆中主要是独立车载发动机制冷和冷板制冷两种形式。独立车载发动机制冷形式应用得较普遍。它的优点在于不受时间和运输距离的限制，可调节不同的温度范围。冷板制冷的优点在于车厢内温度较稳定，可多次卸货并且没有途中发动机损坏的风险，但缺点是温度范围较窄、制冷需等待和不能接力运输等。

二、冷链合理运输与配载

1. 增大订单批量

冷链运输中制约装载量的因素除道路限行等因素外，主要是订单的大小。在一定时间段内订单数量不足，或订单的量太小，以至于车辆不能满载运输，是目前冷链运输特别是城市配送环节面临的主要问题。增加订单批量、实现车辆的最大化装载是冷链运输企业所追求的目标。对于客户的订单，可以通过批量差异价格的方法来鼓励加大订单量，减少订货次数。也可以对客户的供应系统进行分析，提出合理的解决方案，以实现加大订单批量、减少订货次数的目标，并实现供需双方共赢。

2. 路线合理化

冷链运输在城市配送环节的需求量越来越大，客户需求越来越苛刻，运输环境的限制越来越多，如何控制运输成本成为城市配送所面临的主要问题。配送的路线合理化是指在车辆装载最大化的前提下综合运输距离最短。在订单数量较少、配送店数较少的情况下，配送线路可以由人工凭经验来编制完成。但随着订单数量的增加，用 IT 系统来完成配送路线的优化就成为必然的选择。目前，车辆管理软件较多，但具有路线优化功能的不多。

3. 多温度运输

为了实现车辆运载能力的最大化，并且满足客户减少接货次数和缩短接货时间的要求，冷藏运输可以采用多温度运输的方式。一个车厢可以有两种或三种温度。要想实现不同温度区域的控制，可以使用双温车，也可以用隔温板加温控器的方式分隔不同的温度区间。国外有连杆车厢的形式，不同的车厢不同的温度，但目前我国连杆车厢还没有被批准在公路上行驶。

三、冷链运输温度控制与记录

1. 运输中的温度保持

冷藏车辆在运输途中要保证产品的温度满足接货温度要求。长途运输车辆要定时检查制冷机的工作情况，并查看车门关闭情况。城市配送车辆要采取适当措施，以减少车厢内温度的散失；要尽量减少卸货次数，以减少开门的次数；要尽量缩短接货时间，以减少热空气的进入；也可采取车厢内隔离或单元箱的方式，以减少热空气对产品的影响。

2. 装卸货时的温度控制

冷藏产品的温度散失非常容易发生在货品的装卸货过程中。货品装载方法会影响冷藏箱内冷空气循环的效率。装货时由于没有车厢预冷，也会影响货品温度。所以，货品装车时一定要按照装车指导，在货品的上下前后留下冷循环空间。车辆在装车之前要进行预冷，以防止接触车厢底板和侧壁的货品在短时间内发生过大的温度变化。一般冷藏食品的装车温度为 $10 \sim 20\ ℃$。

3. 温度记录与跟踪

运输中的温度记录与跟踪是冷链管理的关键环节。运输中的温度记录是货品交接的质量保证依据，也是货品保险与索赔的证据。如何完整、真实、低成本地记录产品的运输温度是冷链运输管理的任务。

4. 低温物流配送流程及各环节温度控制注意事项

（1）低温食品拣货至出货暂存区。

低温食品从冷冻库或冷藏库拣货出来后，会被放置于出货暂存区。一般情况下，冷藏库的温度在 $0 \sim 8\ ℃$，食品的中心温度在 $4\ ℃$ 左右，冷藏品的出货暂存区的温度一般要求在 $10 \sim 15\ ℃$，同时冷藏品不宜在出货暂存区放置超过 4 h。

（2）装车前的准备工作。

低温运输车辆于装车前应首先将车箱内温度降温，一般冷藏车温度降至 $7\ ℃$ 以下。冷藏车降温时间与车辆的性能及所需降至的温层相关，一般情况下开始降温的时间应与拣货时间相配合。最好的状态是，冷藏车箱体温度降到指定温度时，低温食品的拣货刚完成，已搬运至出货暂存区。

（3）装车。

低温车辆降温至指定温度时，应将后车箱门打开。车辆缓慢后靠至码头门罩，达到与码头库门气密衔接状态。在此过程中，低温车辆应保持制冷机组正常运行，继续处于降温状态。生鲜食品应使用物流容器配送，比如使用周转框。这样做有三个好处：第一，可在最短时间（一般 $20 \sim 30$ min）内装车完成；第二，可最大限度地减少装卸车过程中对生鲜食品造成的损耗；第三，避免生鲜食品与车箱体接触，减少二次污染。

（4）运输环节。

低温车辆离开生鲜加工物流中心后，制冷系统应保持正常运转状态，全程温度应控制在指定的温度范围内。比如,冷藏产品运输车辆全程温度应保持在 0~8 ℃,冷藏车温度具体依产品而定。配置较好的冷藏车一般有 GPRS 装置与温度跟踪记录系统,可让冷链物流管理中心随时追踪到车辆的动向及车箱体内的温度控制情况。

(5) 配送到店。

低温车辆到达门店后,至门店理货人员开启车箱门卸货前,车辆的制冷系统应保持正常运转状态,并保证车箱体内的温度达标。一般门店很少规划有卸货码头、密闭设施及调节设备,因此门店的卸货应快速进行。

(6) 验收。

验收在开启冷冻(藏)车箱门时就已开始。打开车箱门,首先应检测车箱体内的温度是否符合要求,然后快速卸货;当生鲜食品进入门店冷冻库或冷柜后,再验食品的数量、质量、中心温度等。要及时将物品放置到导柜或冰箱里,以保证产品质量。

四、低温物流车辆排程及路线管理

现代低温物流储运体系中,位于通路末端的零售业者为减少资金的占用、为客户提供多样化以及尽可能新鲜的生鲜食品,势必会减少各种生鲜食品的库存量,同时又为了保证不缺货、提供更好的服务品质而增加生鲜食品的配送次数。因此,生鲜食品的配送由原先的多日一配陆续发展到如今的一日一配或一日多配。在整体储运成本(储存处理以及运输成本)中,运输成本已经占到 50% 以上,低温物流中心/车间的建立亦是为了统筹储存与运输之间的关系,以降低整体储运成本。

目前,大部分生鲜食品加工中心、低温物流中心配送车辆的排程及路线管理均使用人工,依靠资深派车人员的经验进行配送路线的规划及派车。然而,面对配送区域日益扩大、客户数量日渐增多的情形,单一依靠人工已变得越来越困难。

无论何种路线优化方法或车辆排程的计算公式,均需将现有的经验值上升到理论化的具体数据,在此数据的基础上加以分析,得出最优结论。因此,我们在车辆排程与路线管理中,应多注意整理以下几个方面的基础资料。

(1) 现有低温车辆的状况统计。

包括现有可使用的冷冻(藏)车辆的标准化程度,有多少标准与非标准冷冻(藏)车,状况如何,现有可使用的冷冻(藏)车辆可达到的温层,各温层的体积,可进入城区的时间,载重,车辆的长、宽、高资料,是否适合长途行驶,油耗情况,快速降温所需的时间,车辆的易污染程度等。

(2) 现有所需配送客户的情况。

包括客户所在的区域位置、客户的最佳送货时间及对送货时间的要求、客户的卸货位置的情况说明、客户周边道路的管制情况(单、双行线,修路情况,大小车辆管制情况等)、客户对生鲜食品要求的日配送次数等。

(3) 生鲜食品加工中心或低温物流中心的生鲜食品对低温配送车辆的要求。

冷冻品要求低温配送车辆在全程运输过程中温度能控制在 -18 ℃ 以下,冷藏品则要求低温配送车辆温度能控制在 8 ℃ 以下、冻结点以上,特殊冷藏品除外。

(4) 配送区域的交通便利情况及交通管制情况。

(5) 可配合之装车与卸货作业工具及人员情况(上下货作业时间)。

建议方法：

(1) 冷冻（藏）车辆安装汽车尾板，以调节门店卸货区与车辆的高差；
(2) 使用物流笼车装车及配送，以便于搬运；
(3) 生鲜食品卸车后应先入门店冷库或冷柜暂存，再进行验收。

课后练习

一、选择题

1. 冷藏车辆的功能主要是（　　）货品的温度，而不是（　　）货品的温度。
   A. 保持　降低　　　　　　　　　　B. 降低　保持
   C. 降低　升高　　　　　　　　　　D. 升高　降低
2. 配置较好的冷藏车一般有（　　）与（　　），可让冷链物流管理中心随时追踪到车辆的动向及车厢体内的温度控制情况。
   A. GPRS 装置　　　　　　　　　　B. 温度跟踪记录系统
   C. RFID　　　　　　　　　　　　　D. POS
3. 当生鲜食品进入门店冷冻库或冷柜后，再验食品的（　　）等。
   A. 数量　　　　B. 质量　　　　C. 中心温度　　　　D. 包装
4. 目前冷藏车辆的制冷形式主要分为（　　）等形式。
   A. 独立车载发动机制冷　　　　　　B. 冷板制冷
   C. 外接电源制冷　　　　　　　　　D. 压缩气体制冷
5. 装货时车厢应先（　　），符合装卸作业区温度，使内部空气温度达（　　）以下。
   A. 预冷　　　　B. 15 ℃　　　　C. 降温　　　　D. 4 ℃

二、思考题

1. 有哪些冷藏运输工具？如何达到冷藏条件？
2. 冷藏车的操作流程是什么？
3. 冷藏车易出现的操作误区有哪些？

三、实训操作题

荔枝是广西产量最大的热带果品之一，也是一种娇果，难保存，易变质，运销风险极大，这也为荔枝的市场推广增加了难度。目前，广西的荔枝主要运往上海、北京、武汉等大城市，较少运往中小城市、乡镇市场，而且经过运输的荔枝品质与原产地的相差甚远。请对荔枝物流的现状和存在的问题进行系统的分析，并提出相应的荔枝冷链运输方案。

四、案例分析

关于中欧班列冷链运输的思考

中欧班列作为承担中国—欧洲间装运集装箱的快速货物班列，依托新亚欧大陆桥和西伯利亚大陆桥，已形成西、中、东三条运输通道，达到运行线 51 条、国内开行城市 28 个、到达欧洲 11 个国家 29 个城市的规模。

随着中欧班列多年的顺利运营，其运输优势、品牌影响力已经被沿线更多客户认识。客户的多元化和产品的多样化，使得对冷链等特种运输的需求不断增长。冷链运输也为班列的货源创造了更大的空间，它不仅把国内的温度敏感性产品送出国门，也将欧洲的鲜活农产品、食品等商品带到国内市场。

一、各地开行的中欧班列冷链运输情况

随着国内外消费市场对温控商品总需求的日益增加和对商品品质要求的逐渐提高，国内多地开展了中欧班列冷链运输业务，虽然都处在起步阶段。

（一）出口情况

各地根据本地原有的货源优势，使用冷藏集装箱运输商品。东北、西北的沿边地区使用冷链运输运送蔬菜、水果出口到俄罗斯；我国内陆地区开行的班列使用保温箱运输花卉苗木，在冬季保障对运输温度要求较高的 IT 产品运输。

2015 年 5 月开始，郑州陆港公司首次开展冷链运输业务测试，价值约 25 万美元的琥珀核桃仁经郑州铁路口岸转关运往德国，随后郑州陆港公司的冷链运输业务稳步开展。2016 年 8 月，由大连港始发的"辽满欧"全冷藏集装箱过境班列顺利抵达莫斯科，运送鲜梨、蜜柚以及大蒜等冷鲜蔬果。8 月，营口港开行的首列国际冷链班顺利抵达莫斯科，主要的产品是蔬菜、水果；9 月，长春开行的冷链国际班列赴俄罗斯，运输苹果、梨、柑橘、辣椒、葡萄等多种果蔬。2016 年 12 月，中欧班列（成都）使用恒温通风集装箱运送花卉苗木至欧洲，重庆发往欧洲的班列控温集装箱保障 IT 产品冬季出境运输。

（二）进口情况

通过冷链运输，部分返程的中欧班列把来自欧洲的肉类产品，牛奶、红酒等食品运回国内。2015 年 5 月 3 日，郑欧班列首列恒温集装箱运输德国罐装啤酒抵郑，2016 年 1 月恒温集装箱被用于运输白俄罗斯的牛奶。2016 年 12 月，我国首次通过国际铁路运输方式直接进口欧洲肉类产品，运载着 1 个冷藏集装箱共 21.9 t 德国猪肉的列车到达成都。2017 年 5 月，26.2 t 荷兰进口猪肉搭乘中欧班列（成都）抵达成都，实现第二次班列进口欧洲肉类产品。

2016 年 10 月，中欧班列（武汉）首次使用冷藏集装箱进口白俄罗斯的牛奶，中欧班列（武汉）开始冷链运输进口欧洲食品。2017 年 5 月 22 日，中欧班列（重庆）利用内置式冷藏集装箱运输法国 18.2 t 冷冻猪肉抵达重庆。

二、中欧班列及铁路冷链运输情况（以郑州铁路口岸为例）

1. 开展冷链运输的业务情况

据郑州陆港公司提供的数据，2016 年 1 月至 2017 年 3 月，去程共发运冷藏（保温）货物 99 箱，回程共发运冷藏（保温）货物 107 箱，去程主要运输农产品、医药品和计算机类等对温度湿度有特殊需求的产品；回程主要运输来自欧洲的果蔬饮料、休闲食品、酒类、乳制品等。

2. 开展冷链运输的设备情况

郑州陆港公司现有恒温集装箱 99 个，其中 45 ft（13.716 m）的 57 个，40 ft（12.192 m）的 42 个，专门开展冷链运输业务。该恒温集装箱箱体外装有一个专用的空调压缩机，可将箱内温度控制在 10~20 ℃；同时箱体外还设有柴油箱和充电设备，为空调压缩机提供动力，油箱容量为 400 L，可满足空调压缩机 24 h 全天候运作，运作时长在 15 d 左右。恒温集装箱在火车上依靠燃烧柴油提供动力，下车到站后，可通过充电端口进行运作。郑州陆港公司现自建有冷藏库 1 座，面积 900 m²，冷藏条件下工作温度为 0~5 ℃；在建冷冻库 1 座，面积 600 m²，一般工作温度为 -18 ℃，最低工作温度可达到 -25 ℃。

目前，中欧班列（郑州）冷链货物集疏主要分为整箱货物集疏和拼箱货物集疏两种模式。整箱货物集疏适用于货物整箱运输，由郑州陆港公司派出载有冷藏集装箱的汽车到达货

物生产（储存）地完成货物装载，集装箱集运到班列堆场，待口岸申报查验工作完成后，搭载班列运输至目的火车站；在目的火车站办理完手续后，再由汽车运输到最终收货地。

拼箱货物适用于小批量需冷链运输的货物，由公司派出（客户自送）冷藏车将货物装载后运至陆港自备冷库，然后集拼至冷藏箱，之后搭乘班列运至目的火车站；待查验完毕在目的站拆箱后，再由冷藏车运至最终收货地。

案例思考：
1. 查找资料，分析中欧班列的冷链运输可采用的组织模式。
2. 说明开展中欧班列冷链运输的设备情况。

第三章

冷链包装与流通加工管理

知识目标

掌握冷链包装材料和方法；
了解冷链包装的要求。

技能目标

能够为冷链产品选择合适的冷链包装；
能够为冷链产品选择和制定适合的冷链包装方案。

职业能力目标

具有吃苦耐劳、刻苦钻研、团结协作的优秀品质；
具有规范及安全操作的能力；
具有灵活运用所学知识解决实际问题的能力。

第一节 冷链包装要求

一、冷链包装的概念

狭义的冷链包装，即农副产品的低温供应链包装，是指农副产品从生产、加工、贮藏、运输、销售到消费前的各个环节中始终处于规定的低温环境下，以保证食品质量，防止食品腐烂变质的产品包装。广义而言，冷链包装涉及的不仅仅是农副产品，还包括药品、化学制剂等对温度有特殊要求的物品。

长期以来，新鲜水果、蔬菜等农产品是我国主要的出口产品，但包装粗糙、保鲜技术落后，导致每年上万吨果蔬腐烂，经济损失严重。一些国家进口我国的农产品，重新包装后再投入本国市场，其市场价远比进口时高。特别是我国加入世贸组织以后，关税下调，国外农产品涌入我国市场，更削弱了我国农产品的竞争力。

需要从包装材料、包装容器、包装辅料到各种包装防护技法，从低温冷链环境重新考察和检验冷链包装的可靠性，进而满足冷链物流体系的工况要求。

二、冷链包装的要求

冷链包装的要求是指产品包装能满足生产、贮运、销售至消费整个生产流通过程的需要及其满足程度的属性。包装质量的好坏，不仅影响到包装的综合成本效益、产品质量，而且影响到商品市场竞争能力及企业品牌的整体形象。因此，了解或建立包装质量标准体系是做好包装工作的重要内容。评价食品包装质量的标准体系主要包括以下几个方面：

（一）包装能提供对食品良好的保护性

食品极易变质。包装能否在设定的食品保质期内保全食品质量，是评价包装质量的关键。包装对产品的保护性主要表现在三个方面：

（1）物理保护性包括防振耐冲击、隔热防尘、阻光阻氧、阻水蒸气及阻隔异味等。

（2）化学保护性包括防止食品氧化、变色，防止包装的老化、分解、锈蚀及有毒物质的迁移等。

（3）生物保护性主要是防止微生物的侵染及防虫、防鼠。

其他相关保护性指防盗、防伪等。

（二）卫生与安全

包装食品的卫生与安全直接关系到消费者的健康和安全，也是国际食品贸易的争执焦点。

（三）方便与适销

包装应方便和具有良好的促销功能，体现商品的价值和吸引力。

（四）加工适应性好

包装材料应易加工成型，包装操作简单易行，包装工艺应与食品生产工艺相配套。

（五）包装成本合理

包装成本指包装材料成本、包装操作成本和运输包装及其操作等成本在内的综合经济成本。包装成本应合理。

三、包装在冷链物流中的功能

包装在冷链物流中应具有以下功能：

（一）具有良好的保温性能

外包装要具有良好的保温性能，这样才能防止冷链中的温度过度交换，造成局部温度变动过大，损害鲜活商品的品质。

（二）具有良好的防潮防水性能

"冷"环境往往与水和湿气伴生，因此冷链中的包装必须防潮防水。

（三）具有良好的透氧透气性能

果蔬类产品是"鲜活"、需要呼吸的，因此其包装还应当具有一定的透氧透气性能，以维持鲜活产品生命循环的氧需要。这些特殊要求的包装在普通商品包装中显然是鲜见的，因此冷链中的包装应当属于一种特殊的包装物。

（四）具有良好的识别功能

良好的识别功能可以减少存储和库存中的错误，节省提货和处理的时间，支持库存周转。

第二节　冷链包装材料与包装方法

一、果蔬保鲜包装

（一）果蔬保鲜的包装材料

用于果蔬保鲜包装的材料种类很多，目前应用的功能性包装材料主要有塑料薄膜、塑料片材、瓦楞纸箱、蓄冷材料、保鲜剂等几大类。

1. 薄膜包装材料

常用的薄膜保鲜材料主要有：PE（聚乙烯）、PVC（聚氯乙烯）、PP（聚丙烯）、BOPP（双向拉伸聚丙烯）、PS（聚苯乙烯）、PVDC（聚偏二氯乙烯）、PET/PE（PET 为聚对苯二甲酸乙二酯）、KNy/PE 等薄膜，以及 PVC、PP、PS、辐射交联 PE 等的热收缩膜和拉伸膜。这些薄膜常制成袋、套、管状，可根据不同需要选用。近年来出现了许多功能性保鲜膜，除了能改善透气透湿性外，有的还涂布脂肪酸或掺入界面活性剂，使薄膜具有防雾、防结露作用。此外，也有混入以泡沸石为母体的无机系抗菌剂的抗菌性薄膜，混入陶瓷、泡沸石、活性炭等以吸收乙烯等有害气体的薄膜，混入远红外线放射体的保鲜膜等。

2. 保鲜包装用片材

保鲜包装用片材大多以高吸水性的树脂为基材，种类很多。如吸水能力数百倍于自重的高吸水性片材，这种片材混入活性炭后除具有吸湿、放湿功能外，还具有吸收乙烯、乙醇等有害气体的能力；混入抗菌剂可制成抗菌性片材，可作为瓦楞纸箱和薄膜小袋中的调湿材料、凝结水吸收材料，改善吸水性片材在吸湿后容易构成微生物繁殖场所的缺点。目前已开发出的许多功能性片材已应用于松蘑、蘑菇、脐橙、涩柿子、青梅、桃、花椰菜、草莓、葡萄和樱桃的保鲜包装。

3. 瓦楞纸箱

普通瓦楞纸箱由全纤维制成的瓦楞纸板构成。近年来功能性瓦楞纸箱也开始应用：如在纸板表面包裹发泡聚乙烯、聚丙烯等薄膜的瓦楞纸箱，在纸板中加入聚苯乙烯等隔热材料的瓦楞纸箱，由聚乙烯、远红外线放射体（陶瓷）及箱纸构成的瓦楞纸箱等。这些功能性瓦楞纸箱可以作为具有简易调湿、抗菌作用的果蔬保鲜包装容器来使用。

4. 蓄冷材料和隔热容器

蓄冷材料和隔热容器并用可起到简易的保冷效果，保证果蔬在流通中处于低温状态，因而可显著提高保鲜效果。蓄冷材料在使用时要根据整个包装所需的制冷量来计算所需的蓄冷剂量，并将它们均匀地排放于整个容器中，以保证能均匀保冷。

发泡聚苯乙烯箱是常用的隔热容器，其隔热性能优良并且具有耐水性，在苹果、龙须菜、生菜、硬花甘蓝等果蔬中已有应用，但是其废弃物难以处理，可使用前述的功能性瓦楞纸箱和以硬发泡聚氨酯、发泡聚乙烯为素材的隔热性板材式覆盖材料作为其替代品。

5. 保鲜剂

为进一步提高保鲜效果，可将保鲜剂与其他包装材料一起使用于保鲜包装中，常见的保鲜剂主要有：

（1）气体调节剂。有脱氧剂、去乙烯剂、二氧化碳发生剂等。脱氧剂多用于耐低氧环境的水果，如巨峰葡萄等；二氧化碳发生剂多用于柿子、草莓等。去乙烯剂（包括去乙醇剂）包括多孔质凝灰石、吸附高锰酸钾的泡沸石、用溴酸钠处理过的活性炭等。涂布保鲜剂有天然多糖类、石蜡、脂肪酸盐等。

（2）抗菌抑菌剂。有日柏醇等。

（3）植物激素。有赤霉素、细胞激动素、维生素 B_9 等，均可抑制呼吸、延缓衰老、推迟变色、保持果蔬的脆度和硬度等。

这些保鲜剂有些涂布于包装材料中，有些单独隔开放入包装袋中，有些则被制成被膜剂直接包覆于果蔬表面。这些方法均能起到保鲜作用。

目前，果蔬保鲜包装主要是利用包装材料与容器所具有的简易气调效果，结合防雾、防结露、抗振、抗压等特性来进行包装。

（二）果蔬保鲜的内包装方法

1. 塑料袋包装

选择具有适当透气性、透湿性的薄膜，可以起到简易气调效果；与真空充气包装结合进行，可提高包装的保鲜效果。这种包装方法要求薄膜材料具有良好的透明度，对水蒸气、氧气、二氧化碳的透过性适当，并具有良好的封口性能，安全无毒。

2. 浅盘包装

将果蔬放入纸浆模塑盘、瓦楞纸板盘、塑料热成型浅盘等，再采用热收缩包装或拉伸包装来固定产品。这种包装具有可视性，有利于产品的展示销售。杧果、白兰瓜、香蕉、番茄、嫩玉米穗、苹果等都可以采用这种包装方法。

3. 穿孔膜包装

密封包装果蔬时，某些果蔬包装内易出现厌氧腐败、过湿状态和微生物侵染，因此，需用穿孔膜包装以避免袋内二氧化碳的过度积累和过湿现象。许多绿叶蔬菜和果蔬适宜采用此法。在实施穿孔膜包装时，穿孔程度应通过试验确定，一般以包装内不出现过湿状态下所允许的最少开孔量为准。这种方法也称有限气调包装。

（三）果蔬保鲜的外包装方法

果蔬的外包装是指对小包装果蔬进行二次包装，以增加耐贮运性，并有利于创造合适的保鲜环境。目前外包装常采用瓦楞纸箱、塑料箱等。从包装保鲜角度考虑，外包装可同时封入保鲜剂以及各种衬垫缓冲材料，如脱氧剂、杀菌剂、去乙烯剂、蓄冷剂、二氧化碳发生剂、吸湿性片材等。

二、鲜切蔬菜包装

在超级市场和连锁餐厅出现之前，蔬菜都是直接运至传统市场贩卖，不需要冷藏保存和进一步的加工处理。随着社会的进步和生活节奏的加快，消费者对蔬菜食用消费的方便性和安全性要求越来越高，一种洗净分切的包装蔬菜产品应运而生。这种产品最初只限于餐厅、旅馆等餐饮业的应用，近几年超市货架零售的分切包装蔬菜也愈趋普遍，成为蔬菜食用消费的发展趋势。

（一）鲜切蔬菜保鲜包装的机理

生鲜蔬菜采收后其呼吸、蒸腾失水及生理变化都在继续进行，影响其后熟和货架保鲜期的因素比其他食品更复杂，其中除了物理性的因素和病菌侵犯外，蔬菜采收后的呼吸作用及生理变化反应都是酶活动的结果。酶对于温度的变化极为敏感，温度越低，蔬菜衰老劣变的速度越慢，运销寿命越长；而温度越高，呼吸率越大，呼吸热能越多，蔬菜鲜度衰减越迅速。

如果蔬菜进一步分切处理，其呼吸、蒸腾失水及生理变化会更显著。包装会改变蔬菜的呼吸率、生理生化变化、乙烯作用，尤其是切口部位的失水和病理性衰败，进而影响蔬菜的生鲜品质和货架保鲜期限。因此，鲜切蔬菜的温度控制对包装后的货架保鲜期限起着极重要的作用。同时，鲜切蔬菜的微生物和包装内气氛控制对货架保鲜期限很关键。

鲜切蔬菜的呼吸速率除受温度影响之外，还受到蔬菜品种、种植采收、运输贮藏、加工条件、产品规格等因素影响；包装内环境气氛也是重要的变因。包装内的气氛变化除了决定于包装材料本身的透气率外，包装面积和产品重量比例也有关键性影响：包装袋越大，透气面积越大，则每分钟进入袋中的气体越多；包装中蔬菜越多，总呼吸量越大。在多重因素的影响下，一个合适的包装，其透气率需符合包装中产品的呼吸率，既使蔬菜有足够的氧气呼吸，又能抑制因无氧呼吸而产生的异味，同时控制氧气，不致因过量而使蔬菜氧化变色。

若包装能适当地控制氧和二氧化碳的进出，保持包装内一定的气体比例，即可在包装蔬菜贮存过程中达到减缓蔬菜呼吸氧化速率的效果。根据以往的经验，包装内气体比例在包装后 3~5 d 若能达到一平衡点，即氧气小于 2%、二氧化碳大于 10%，则最多可有 7~9 d 的保鲜期限，不然蔬菜会在 3~5 d 内变色衰败。

（二）鲜切蔬菜的保鲜包装材料和方法

在发达国家，鲜切蔬菜之所以能广泛流通销售，是因为蔬菜处理包装厂能大批量稳定运作采收、预冷、运送、加工、包装、冷藏流通，通过操作程序的标准化来控制鲜切蔬菜的安全和生鲜品质。要想包装成功，必须先慎选原料，配合适当的采收时间和条件，以及采收后的预冷运送、控温管理，避免物理性损伤和外来污染，在加工前保持原料的最佳生鲜状态，并在工厂加工处理时注意卫生和温度控制，降低蔬菜品质劣变和微生物污染，然后包装并进入冷链流通。

1. 鲜切蔬菜的包装材料

包装材料的透气率应与鲜切蔬菜的呼吸率相当。鲜切蔬菜的呼吸作用一般会大于完整蔬菜，也会产生更多的呼吸热，因此，选择的包装材料必须能让足够的氧气进入，并排出呼吸后产生的多余二氧化碳，使包装内气体比例达到动态平衡，直到蔬菜在冷藏温度（1~5 ℃）下进入呼吸缓慢的睡眠状态，延缓衰老。

美国希悦尔公司（Sealed Air Corporation）Cryovac（TM）食品包装部根据各种蔬果的呼吸强度将其分成几个等级（见表 3-1），并配合不同等级的呼吸率范围，研究开发出相应的限制性气调保鲜包装袋，见表 3-2。另外还有高透明度、抗雾、可微波等为超市零售设计的包装材料。

表 3-1 5 ℃贮存温度下蔬果的呼吸强度等级及主要蔬果品种

呼吸强度等级	呼吸率范围（5 ℃）/ [$mgCO_2$/（kg·h）]	主要蔬果品种
极低	<5	花生、枣、剥皮马铃薯
低	5~10	苹果、柑橘、洋葱、马铃薯
中	10~20	杏、梨、包心菜、胡萝卜、莴苣、番茄

续表

呼吸强度等级	呼吸率范围（5 ℃）/ [$mgCO_2/(kg \cdot h)$]	主要蔬果品种
高	20~40	草莓、花椰菜
极高	40~60	洋蓟、豆芽
超高	>60	芦笋、青花菜

表3-2 Cryovac (TM) 蔬果限制性气调保鲜包装袋

呼吸强度等级	透气率（23 ℃）/ [$cm^3 CO_2/(m^2 \cdot 24h \cdot 0.1 MPa)$]	Cryovac (TM) 蔬果气调保鲜包装袋型号
极低	200	B-900
低	9 800	PD-900
中	20 500	PD-961；PD-951
高	36 000	PD-941

2. 鲜切蔬菜的包装形式和方法

鲜切蔬菜的包装形式有袋装、盒装和托盘包装。块茎类鲜切蔬菜可采用真空袋装；叶菜类鲜切蔬菜可采用盒装和托盘包装。根据蔬菜品种的呼吸强度等级可选择充气包装或限制性气调保鲜包装，如欧美等超级市场零售的分切蔬菜沙拉采用充气包装，其充入的理想气体比例则通过试验确定。

3. 鲜切蔬菜的包装尺寸

包装尺寸和包装总透气率有密切的关系。包装袋的总面积乘上透气率即包装袋的总透气率。包装的总透气率必须配合包装内蔬菜的总呼吸率才能达到所需的效果。若选择的包装尺寸过大，即使包装材料合适，也会造成相对过高的透气率，而多余的氧气会引起蔬菜的氧化反应，反之则会出现无氧呼吸情况。

4. 鲜切蔬菜的温度控制

鲜切蔬菜加工过程对蔬菜造成的污染和伤害都会影响蔬菜的呼吸率和保存期限。分切越细，呼吸率越高；处理过程越繁复，污染机会越大；预冷不足，则呼吸率偏高。因此，加工过程的温度控制对鲜切蔬菜的生鲜品质至关重要。同样，稳定合适的贮存流通温度也能有效延长蔬菜的保鲜期限，但过低的温度会造成蔬菜冻伤。

三、生鲜肉制品包装

（一）生鲜肉真空收缩包装

真空收缩包装作为保鲜包装的一种基本方式，在欧美国家得到普遍应用，在亚洲国家也开始用于生鲜肉的保鲜包装。据国际食品包装品牌公司希悦尔的经验，真空收缩包装生鲜牛肉和猪肉可分别取得3个月和45 d的保存期限。

真空收缩包装生鲜肉能获得较长时间的保鲜期，能有效抑制好氧微生物的生长繁殖，却不能抑制厌氧细菌的生长，而低于4 ℃的低温贮存流通条件可使厌氧细菌停止生长。所以，生鲜肉采用真空收缩包装时必须严格控制原料肉的初始细菌，在生鲜肉的屠杀、分割、包装生产过程中采用 HACCP（危害分析和关键控制点）等全程安全质量控制技术体系，有效地降低微生物造成危害的概率。

生鲜肉真空包装时因缺氧而呈现淡紫红色，在销售时会被消费者误认为不新鲜，若在零售时打开包装让肉充分接触空气或再进行高氧气调包装，可在短时间内使肌红蛋白转变为氧合肌红蛋白，恢复生鲜肉的鲜红色。

（二）生鲜肉气调包装

气调包装能保持较高的氧气分压，有利于形成氧合肌红蛋白而使肌肉色泽鲜艳，并抑制厌氧菌的生长。因此，根据鲜肉保持色泽的要求，氧的混合比例应超过30%。二氧化碳具有抑制细菌生长的作用，考虑到二氧化碳易溶于肉中的水分和脂肪以及复合薄膜材料的透气率，一般混合气体中的二氧化碳的混合比例应超过30%才能起到明显的抑菌效果。

四、生鲜水产品包装

（一）生鲜水产品的销售包装

生鲜水产品的包装方式主要有以下几种：PE 薄膜袋；涂蜡或涂以热熔胶的纸箱（盒）；采用纸盒包装，并在纸盒外用热收缩薄膜裹包；将鱼放在用 PVC、PS、EPS（发泡聚苯乙烯）制成的塑料浅盘中，盘中衬垫一层纸以吸收鱼汁和水分，然后用一层透的塑料薄膜裹包或热封；生鲜的鱼块或鱼片也可以直接用玻璃纸或经过涂塑的防潮玻璃纸裹包；高档鱼类、对虾、龙虾、鲜蟹等由于对保鲜要求比较高，可采用气调、真空包装，包装使用的材料主要有 PET/PE、BOPP/PE、PET/AL/PE、PET/PVDC/PE 等高阻隔复合材料（其中 AL 为铝合金，PVDC 为聚偏二氯乙烯）。

鱼、虾的冷冻小包装袋一般用 LDPE（低密度聚乙烯）薄膜，涂蜡的纸盒或涂以热熔胶的纸箱（盒）包装也比较普遍。对于分割的鱼肉、对虾，为保持色泽、外形和鲜度，也可用托盘外罩收缩薄膜包装。生鲜鱼类的气调包装所采用的包装材料应具有高阻气性，可采用 PET/PE、PP/EVOH/PE、PA/PE（其中，EVOH 为乙烯 – 乙烯醇共聚物，PA 为聚酰胺，即尼龙），采用的气体及比例应根据不同鱼类的特性试验来确定。值得注意的是，生鲜鱼类气调保鲜包装必须配合低温才能得到良好的效果。

（二）生鲜水产品的运输包装

水产品的运输包装主要采用普通包装箱和保温包装箱。普通包装箱有铝合金箱、塑料箱和纤维板箱等，保温包装箱有钙塑泡沫片复合塑料保温箱、EPS 或 PUR（发泡聚氨酯）泡沫片复合塑料保温箱和 EPS 复合保温纸箱等。冻结的鱼货必须用冷藏车运输，在销售点还需要设置冷库。保温箱包装水产品可以用普通车辆在常温下运输，在零售点，常温下可保持 2d 左右堆放和销售不变质，非常方便。

（三）其他生鲜水产品的包装

1. 虾类产品

虾类产品含有丰富的蛋白质、脂肪、维生素和矿物质及大量的水分和多种可溶性的呈味物质，且其头部含有大量细菌，在贮存过程中容易发生脱水、脂肪氧化、细菌性腐败、化学变质和失去风味等现象。包装前应去头、去皮和分级，再装入涂蜡的纸盒（有的纸盒有内衬材料）中进行冷藏或冻藏；为防止虾的氧化和丧失水分，可对虾进行包冰衣处理，用 PE、PVC、PS 等热成型容器包装，也可用 PA/PE 膜进行真空包装。鲜活虾类产品可放在冷藏桶的冰水中并充氧后密封包装，以防止虾类死亡。

2. 贝类产品

贝类产品的性质与鱼虾相似，贮存过程中易发生脱水、氧化、腐败及香味和营养成分的损失。贝类捕获后通常去壳并将贝肉洗净冷冻，用涂塑纸盒或塑料热成型盒等容器包装，低温流通。扇贝的活体运输包装常采用假休眠法：将扇贝放入有冰块降温的容器内（保持温度为 3～5 ℃），使扇贝进入假休眠状态，冰融化的水不与扇贝接触，直接从底板下流走；待运输结束，将扇贝恢复到它本身所栖息的海水温度即可苏醒复活。通过这种方法运输，扇贝可存活 7 d，而一般的常规方法仅可存活 3 d。

3. 牡蛎等软体水产品

牡蛎等软体动物极易变质败坏，肉中含有嗜冷性的"红酵母"等微生物，这些微生物在 -17.7 ℃ 甚至更低的温度下仍能生长。生鲜牡蛎一旦脱离壳体就应立即加工食用。牡蛎可采用玻璃纸、涂塑纸张、氯化橡胶、PP、PE 等薄膜包装。涂蜡纸盒用玻璃纸、OPP（共挤压定向聚丙烯）等薄膜加以外层裹包（防泄漏）后是较理想的销售小包装。

课后练习

一、选择题

1. 扇贝的活体运输包装常采用假休眠法，需将扇贝放入有冰块降温的容器内，保持温度为（　　）。
   A. 3～5 ℃　　　　B. 0～4 ℃　　　　C. -1～0 ℃　　　　D. 0～5 ℃
2. 果蔬保鲜的内包装方法有（　　）。
   A. 塑料袋包装　　B. 穿孔膜包装　　C. 浅盘包装　　D. 纸箱包装
3. 冷链包装涉及的不仅仅是农副产品，还包括（　　）。
   A. 药品　　　　　　　　　　　　B. 化学制剂
   C. 有特殊温度要求的物品　　　　D. 精密仪器
4. 牡蛎可采用（　　）薄膜包装。
   A. 玻璃纸　　　　　　　　　　　B. 涂塑纸张
   C. 氯化橡胶　　　　　　　　　　D. PP、PE 等薄膜包装
5. 根据蔬菜品种的呼吸强度等级可选（　　）。
   A. 充气包装　　　　　　　　　　B. 限制性气调保鲜包装
   C. 真空包装　　　　　　　　　　D. 收缩包装

二、思考题

1. 冷链包装对果蔬的保护作用有哪些？
2. 生鲜水产品的运输包装材料有哪些？
3. 鲜切蔬菜的包装材料和方法是什么？

三、实训操作题

荔枝是广西产量最大的热带果品之一，也是一种娇果，难保存，易变质，运销风险极大，这也为荔枝的市场推广增加了难度。目前，广西的荔枝主要运往上海、北京、武汉等大

城市，较少运往中小城市、乡镇市场，而且经过运输的荔枝品质与原产地的相差甚远。请对荔枝物流的现状和存在的问题进行系统的分析，并提出相应的荔枝保鲜包装方案。

四、案例分析

冷链控温包装装备行业之乱象——冷链保温箱

近年来，随着医药行业的快速发展、新版《药品经营质量管理规范》（GSP）的颁布、生鲜电商行业的迅猛发展，冷链控温包装装备行业迎来了"爆发式"增长的市场需求。市场需求的驱动使得更多的企业、个人参与到冷链包装装备、耗材产品等的生产、经营之中来，"繁荣"了行业的发展，其中个别"生产企业"甚至对材料、工艺、应用等都不完全了解，只依靠"概念、价格、关系"等就出具了很多所谓的"冷链控温包装装备解决方案"，误导了一大批使用单位及企业，不仅造成了巨大的社会资源浪费，而且给冷链产品带来了安全隐患。复杂的社会"环境"及行业标准化的缺失导致行业进入了"乱象"阶段而得不到良性发展。

中国冷链包装装备行业发展时间比较短，既缺少专业技术方面的培训及指导，又没有可以借鉴的更多素材及案例。冷链保温箱行业发展滞后，没有可依据的"标准"，再加上国家新版 GSP 的颁布、"疫苗事件"的催生，执政部门采取从上而下的"一刀切"，没有充分的培训与解读，导致了各地市食药监管部门在验收过程中的"盲目"，企业在应对 GSP 时的"盲从"。冷链保温箱是 GSP 落实环节中最"简单"的一个环节"配备"，不足以引起企业的"重视"。更多的企业就是单纯为了 GSP 而"配备"冷链保温箱。使用单位项目负责人及采购负责人对冷链包装认识不足或重视程度不够，直接导致了设备添置过程中选择的"五花八门"，造成了今天的冷链包装装备行业之"乱象"！

一、控温包装形式的"五花八门"

"五花八门"即规格不同、材料不同、控温性能有差异、验证标准多样化、操作方式多样化等，君可见，百度的一个词条"保温箱"可搜索出几千产品！

在冷链控温箱的生产方面，由于"时事"的因素，一夜间冒出了 N 个冷链保温箱生产企业。这些企业在对冷链控温原理尚且不太了解甚至懵懂的情况下，在还没有搞懂保温材料特性及应用的情况下，为了满足市场"需求"，通过不同保温材料的生拼硬凑，搞出了所谓的"新一代""新二代""新三代"冷链保温箱！在保温性能方面，这些企业通过简单测试就得出产品具有非常好的"控温效果"的结论，而忽略了产品的使用寿命（基于不同保温材料性质）、安全性（基于运营模式）、一致性（基于验证结论）、仓储成本（基于规格尺寸）、运输成本（基于运输效率）、操作成本（基于实操效率）、跌落、环保等因素。为了抢市场"先机"，产品没有经过"检验与测定"就开始了大规模的生产及"供应"，通过客户进行"试错"！此类生产企业的"一代、二代、三代……N 代"产品销售可以称为"割韭菜"模式！

二、冷链控温包装应用中的"质量过剩"

很多企业在控温包装装备的应用上存在"质量过剩"的现象。不同的冷链产品、不同的储运方式、不同的应用方式都有不同的冷链控温包装装备与之相"匹配"。

三、"验证"乱象

（1）至今，国内没有针对冷链保温箱的验证标准及标准版本。

（2）由于各企业、各地域、药监部门对"验证"的解读不同，"验证"派生出了很多个版本。很多企业最直接的目的就是"应对 GSP 检测及飞检",忽略了"验证"的实际意义。

(3) 很多企业没有专门的验证部门或质量部门,于是在缺少相应的人员和验证设备(标签)的情况下选择了最为简单的"验证"方式——委托别的企业进行所谓的"验证"!有的客户甚至在采购冷链保温箱时提出了附带验证报告的"个性化"要求,给一些企业创造了"盈利"机会。例如:一些企业提供所谓的"验证服务",三天就可以出具冷库、冷藏车的"验证报告"!

四、"乱象"的危害

(1) 在"乱象"阶段,客户不断"试错",造成了巨大的资源(财力与物力)浪费!

(2) 在"乱象"阶段,客户受到不同程度的"伤害",导致客户对冷链保温箱产品系列的信任程度下降!

(3) 在"乱象"阶段,客户在试用过程中面临储运风险,而这对产品本身也是一种"风险",最终可能导致"患者"面临"风险"!

(4) 在"乱象"阶段,包装的多重标准、多个尺寸、多种操作模式,加大了生产运营过程中的采购成本、库存成本、储运成本、操作成本等。

案例思考:

1. 查找资料,了解医疗控温包装箱的标准。
2. 对医疗控温包装箱标准乱象给出解决问题的思路。

第四章

冷链配送运营管理

知识目标

了解当今冷链物流配送现状与未来发展趋势；
了解冷链物流共同配送管理方法。

技能目标

能够设计冷链物流配送中心作业规范；
能够熟练进行冷链低温配送技术操作。

职业能力目标

具备冷链物流配送中心运营管理的职业能力。

第一节 冷链物流配送现状与发展趋势

一、冷链配送的基本概念

近年来，随着经济的快速发展，人们对物质生活水平的要求不断提高；由于生活节奏的不断加快和工作压力的增加，人们用于购买食物的时间大为缩减，因此，生鲜冷藏和冷冻食品的需求量与日俱增。冷链配送是对冷链运输的补充，是指在经济合理区域范围内，根据客户要求，对生鲜农产品、冷冻食品进行拣选、加工、包装、分割、组配等作业程序后，采用低温运输工具，按时送达指定地点的物流活动。

二、冷链配送的特点

由于冷链食品含水量高，保鲜期短，极易腐烂变质，会大大限制运输半径和交易时间，因此对流通作业环节和储运条件提出了很高的要求。

1. 冷链配送投资大，技术含量高

和常温物流配送相比，冷链物流配送由于在冷藏库、进出通道、保温车辆等硬件方面和作业环节有明确的温度、湿度和鲜度要求，因此，冷链物流配送体系建设的初投入较大，技术含量高。保温、保鲜、节能、环保技术应用于库房规划设计、进出库作业、在途运输、商品交接的各个环节。相应的投资成本、管理成本和营运成本较常温物流系统更为突出，一般中小型企业难以自建冷链物流系统。

2. 冷链配送时效性强，制约条件多

冷链配送运输线路相对集中和固定，常分布于市区繁华区域，配送半径一般在 150 km 范围内。配送门店繁多，对时效性要求高，通常要求在 8 h 内送达。属于温度要求严格的商品，要求专用保温车辆或保温器具配送；属于鲜度要求严格的商品，每天至少配送一次。因此，城市交通路况（畅通性、出入限制、车辆类别）、配送位置及门店开关门时间等环境因素都对配送时效性有直接影响。

3. 冷链食品安全防护要求高

由于速食类商品占冷链配送总品项的 70% 以上，因此食品安全防护是冷链配送质量的重要内容。冷链食品安全防护贯穿于冷链配送的各个环节。从对供应商收货过程开始，到在冷库进行分拣配货作业，再到最终入库（上架）并交付给最终客户，配送途中车辆的温度监控，商品有效期，温度、湿度、鲜度的控制，装运器具的清洁卫生，配送人员的健康状况，都是冷链食品安全管理的涉及内容。

三、冷链配送的模式

按照能源供给方式，目前，国内外低温物流制冷模式可以分为电力驱动型（冷藏车）与无源蓄能型，而无源蓄能型按照载冷剂的不同又分为干冰载冷型和相变蓄冷材料载冷型两种。

（一）冷藏车低温配送

有源型低温物流制冷方式就是自带制冷单元的冷藏箱，常见的是自带压缩机组的冷藏车。如图 4-1 所示。冷藏车制冷的优点是能保持较长时间的低温，这种低温物流制冷方式主要应用于大批量低温货物的长途配送。

冷藏车的制冷原理，是利用压缩机的工作提供冷源，这种供冷模式决定了采用冷藏车进行低温配送的过程中要消耗大量的能源，其每百千米油耗能够达到 2~4 L。另外，在大量消耗能源的同时，采用冷藏车制冷的模式也对环境造成了巨大的污染。带制冷机组的冷藏车比普通货车的尾气排放高 30% 以上。

此外，冷藏车车厢容积多为 1 500 L 以上。这对于疫苗、样品与低温食品等小批量、少量、多次配送的货物来说，物流成本较为昂贵。

（二）以干冰作为冷源的低温配送模式

干冰曾经被广泛应用于保存温度在 0 ℃ 以下的生物制品、食品、水产品等的配送与保存，其制冷效果较为出色。如图 4-2 所示。

干冰在使用过程中会产生 800 倍于自己体积的二氧化碳气体，存在较大的安全隐患，容易引起爆炸。另外，大量二氧化碳气体的排放会对环境造成较大的污染，致使温室效应的不断加剧。除了对环境的污染和存在较大的安全隐患外，干冰的采购、储存与使用都十分不方便。干冰买回来后必须马上使用掉，否则很快就会挥发掉，造成干冰使用成本的上升。目前，各大航空公司从安全的角度已经明令禁止使用干冰作为制冷剂。这些特性也决定了干冰作为货运制冷剂退出物流配送市场的必然性。

图4-1　冷藏配送车

图4-2　低温冷藏配送用的干冰

（三）以相变蓄冷材料作为冷源的低温配送模式

以蓄冷材料作为冷源的低温配送模式是利用蓄冷材料在相变过程中释放冷量来维持货物的低温，该模式非常适合于小批量、少量、多次的货物低温配送。作为一种全新的低温物流配送制冷方式，采用相变蓄冷材料的低温配送模式造价较低，无须额外的能源，使用非常方便。该种蓄冷材料在业内又有一种新的叫法，叫作干冰型冰袋。干冰型冰袋的一个显著特点是节能环保。干冰型冰袋储存冰箱中的冷量，并在运输过程中将冷量释放出来，其能耗成本只是冷藏车制冷机组的1.5%，干冰的1%。同时，由于其不会排放出对环境有害的气体，也不会对环境造成污染，可以说是一种节能环保的绿色制冷方式。如图4-3所示。

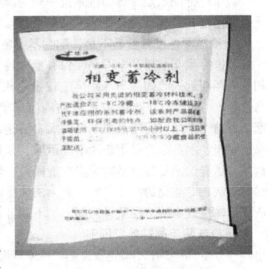

图4-3　相变蓄冷材料

小知识　　干冰制冷的原理

干冰为固体二氧化碳。二氧化碳在常温下为气体，干冰要吸收大量的热才能转化为气体二氧化碳。将干冰放入食品中，因为食品中的热量被干冰吸走了，所以食品就会凉下来，这就是干冰作为食品制冷剂的通俗原理。

（四）电动冷藏车配送模式

电动冷藏车配送属于绿色物流配送模式，主要针对有低温要求的小件物品的短途上门配送。它体积小，而且是有源制冷，采用新型制冷机，没有蒸发器和冷凝器，加上全新设计的压缩机不使用氟利昂，所以在移动过程中不怕颠簸，并可以360°转动。同时，它还有能耗低、寿命长、能在高温下工作等特性,适用于生鲜果蔬、新鲜食品、部分药品的配送。如图4-4所示。

四、冷链配送的现状

(一) 我国冷链配送的现状

我国传统的冷链物流配送的现状是:部分易腐商品生产企业自行完成配送任务,配送成本高;专业配送企业各自为政,重复建设,浪费严重;用户较少的地方设施不足,无法保证冷链物流的全程温度控制,商品质量难以保障。冷链食品配送要求第三方物流企业要有完备的系统——符合要求的设施设备、合理的成本构成、卓越的工作团队,及全方位的人员培训、内外部各种应急预案等。而这些都需要高额投资,往往让企业望而却步。

图4-4 电动冷藏配送车

城市冷链配送是冷链物流系统中较为薄弱的一环,集约化程度低、接货标准不一致等一系列问题都在考验着冷链物流企业的生存与发展。原因如下:

1. 冷链配送装备数量不足,配套不完备

我国冷藏车数量严重不足,保有量大约为4万辆,占货车保有量的0.3%,与发达国家相比差距甚远。我国汽车冷藏运输仅占总汽车运输的20%,而欧洲各国汽车冷藏运输占比高达60%~80%。另外,我国铁路冷藏车辆仅有不到2 000辆,数量和比重远小于发达国家。目前,中国易腐物品在装车时大多不是在冷库和保温场所操作,80%~90%的水果、蔬菜、禽肉、水产品都是用普通卡车运输,大量的牛奶和豆制品是在没有冷链保证的情况下运输的,运输这些易腐食品时大多在上面盖一块帆布或塑料布,有时棉被都已算作较好的保温材料。缺乏专业化的冷藏车辆,就无法为冷藏冷冻产品在流通环节提供温度上的保障,极易造成运输过程中的产品质量问题,达不到客户满意的配送服务水平。

2. 冷链物流配送效率低下

一方面,一些中小型企业自建的冷库规模小、效率低,不能很好地保障冷链产品的质量,并且分散企业资金,不利于企业发展;另一方面,由于我国物流公司大多属于中小企业,冷库投入不足,冷藏车较少,网络覆盖有限,无法获得规模效应,因此配送成本居高不下。

3. 人才储备不足

物流专业人才已经被列为我国12大紧缺人才之一,目前我国冷链物流人才十分缺乏。据中国物流与采购联合会的预测,我国的物流人才缺口在600万左右,其中高级物流人才缺口约为40万。对于冷链物流配送业来说,懂冷链技术和管理、冷藏物流操作的专业人才更是严重不足。冷链物流人才已经成为我国冷链物流快速发展的关键。

4. 冷链配送标准建设尚待统一和完善

中国物流技术协会的专项调查显示,我国冷链物流行业存在的主要问题是"服务标准、从业标准缺失",冷链物流配送的实施没有统一的国家或行业标准。目前,我国冷链物流行业管理部门除了国家统一的标准管理机构,还有交通、铁路、民航、卫生、信息产业等代表政府的行业部门。而冷链物流行业涉及的各个产业技术组织、科研机构则分散在各个部门和各个行业中，标准运作行业和部门之间缺乏协调，相互之间缺乏有效的交流与配合。例如，国家标准制定的主管部门是国家质量监督检验检疫总局，但标准的归口管理大多设在各个部门的标准化技术分委会，冷链物流被人为分散在不同的管理部门，如《香蕉包装、贮藏与运输技术规程》由农业部热带作物及制品标准化技术委员会归口，《黄瓜贮藏和冷藏运输》由中国商业联合会提出并归口，《冷藏食品物流包装、标志、运输与储存》由全国物流标准化技术委员会归口。不同部门制定的标准给冷链操作者带来了操作困难，增加了流通交易的外部成本。

(二) 国外冷链配送的现状

国外尤其是欧美、日本等发达国家的食品冷链物流配送，在强大的科学技术力量的支持下，经过多年的发展，已迈入成熟阶段，这与其完善的评价体系的规范和引导作用是分不开的。

1. 具有一整套评价体系编制依据

欧美等发达国家早在 20 世纪 90 年代就开始对易腐食品在运输和配送等环节进行温度立法，规定最高温度和最低温度。这对食品冷链物流评价体系的编制有一定的参考价值。

2. 已经建立较完善的食品冷链物流评价体系，施用效果显著

英、美等发达国家的易腐食品物流配送流程的冷藏率在其食品冷链物流评价体系的引导下已达 100%，并已形成了完整的食品冷链体系。其食品冷链物流企业在发展过程中严格对照评价体系进行管理和运作，在运输过程中全部使用冷藏车或者冷藏箱，配备 EDI（电子数据交换）系统等先进的信息技术，采用铁路、公路、水路等多式联运，建立了包括生产、加工、贮藏、运输、销售等在内的易腐食品冷链物流，使易腐物品的冷冻冷藏配送率及配送质量完好率都得到极大的提高。

国外相对成熟的食品冷链物流配送评价体系基本满足可量化和多维性要求，并且正在进一步寻求与环境问题之间的平衡点。虽然国内外国情不同，但欧美国家完善的评价体系在食品冷链物流配送流程的发展上所表现出来的突出效果还是值得我们借鉴和学习的。

五、冷链配送的发展趋势

现在的食品冷链物流配送的发展趋势是共同配送模式。所谓共同配送，就是多家企业共同组建配送中心，或者共同委托第三方物流的一种高度集约化的物流配送模式。共同配送是高度集约化的首选，也是城市冷链物流配送发展的高级阶段。发展冷链物流共同配送，是当前冷链物流配送的优化选择。

对于易腐商品生产企业来说，发展冷链物流共同配送，由专业的第三方物流企业完成配送任务，既降低了物流成本，又可以集中精力经营核心业务，促进企业的成长与扩张，扩大市场范围，消除封闭性的销售网络，还有利于提高食品质量，创立食品名牌，提升食品的国际竞争力。

对第三方物流企业而言，发展冷链物流共同配送，为多家易腐商品生产企业提供配送服务，容易达到配送的经济规模；运输单位的大型化和信息网络化使车辆资源得到充分利用，装载效率明显提高，在实现物流效率化的同时，有利于小批量、多批次配送业务的展开。这样不仅降低了企业自身的运营成本，而且提高了产品的价值。

第二节　冷链物流配送中心规范管理

一、冷链物流配送中心的概念

冷链物流配送中心是从供应者手中接受多种大量的冷链货物，在低温状态下进行倒装、分类、保管、流通加工等作业以及进行信息处理，然后按照众多需要者的订货要求备齐货物，以令人满意的服务水平进行冷链配送的设施。如图4-5、图4-6所示。

图4-5　冷链物流配送中心外部图

图4-6　冷链物流配送中心仓库

二、冷链物流配送中心的作用

1. 冷链物流配送中心起着农产品汇集与保护的作用

生鲜农产品的供给特点主要表现在以下两个方面：

（1）生产特点。现阶段生鲜产品的生产特点集中表现为生产的季节性和周期性以及分散性。季节性主要指水果和蔬菜的收获季节基本上是固定的。分散性则主要指绝大多数的生鲜农产品，包括果蔬、畜禽、水产品，都是由分散的独立的农户经营的。绝大多数的单个农户均采用"小生产"方式，这一生产特点加大了生鲜农产品的物流难度。

（2）流通特点。该特点主要表现在时效性、易腐性、鲜活性等方面。生鲜农产品的时效性要求尽量缩短生鲜农产品的物流半径，提高物流技术，包括运输技术、搬运技术、配送技术等，实现高质量的快速物流。生鲜农产品的易腐性特点要求改变传统的生鲜农产品恒温物流，加强冷藏物流或低温物流。对鲜鱼等水产品的物流要求运输途中和各物流节点的供氧设施，减少鲜活农产品的损耗。

生鲜农产品的以上特点导致了部分农产品时而价格高居不下，时而无人采摘，而运输途中的损耗更是数目巨大。我国农产品产后损失严重，果蔬、肉类、水产品流通腐损率分别达到20%~30%、12%、15%，仅果蔬一类每年损失就超过1 000亿元。因此，建设一个现代化的农产品冷链配送中心能起到农产品汇集与保护的作用。

2. 能有效提高农民收入，平稳物价

以往的操作过程中存在过多的中间环节，导致了农产品在田头收购价低，而市场销售价高。受生鲜农产品集中上市后保鲜储运能力的制约，农产品"卖难"和价格季节性波动的矛盾突出，农民增产不增收的情况时有发生。发展农产品冷链物流，既是减少农产品产后损失，间接节约耕地等农业资源，促进农业可持续发展的重要举措，也是带动农产品跨季节均衡销售，促进农民稳定增收的重要途径。另外，由于冷链物流配送体系的加入，流通过程中的其他环节被剔除了，这对农产品价格也能起到平扼作用，从而有效地解决"价贱伤农"及"价高伤民"的矛盾。

3. 能有效缓解市场供需矛盾

生鲜农产品是城镇居民的生活必需品，由于人口数量增大，市场需求总量也随之增大。由于保鲜技术不过硬，产业化经营程度低，生产者在收成后陷入了产品储不进、运不出的尴尬局面。为了避免瓜果、蔬菜白白烂掉，农民无奈之下只能"地产地销""季产季销"，这严重影响了产地农民的增收和增植积极性。而距离农产品生产地远的城镇居民，则"欲购无门"。

建立合理的冷链配送体系能有效地缓解市场供需矛盾。高效冷链物流配送中心在此方面起着重要的作用。农产品（包括肉、禽、水产、蔬菜、水果、蛋等）从产地采收（或屠宰、捕捞）后，在产品加工、贮藏、运输、分销、零售等环节始终处于适宜的低温控制环境中，这样能最大限度地保证产品品质和质量安全，减少损耗，防止污染。同时，由于能实现在丰收时采购并冷藏，在淡季时销售，能有效地缓解市场供需矛盾。

4. 能提高农产品附加值

目前，绝大多数果蔬都是一经摘下就直接进入市场，没有经过任何加工处理，失去了巨大的增值机会和空间。加工处理对生鲜食品物流配送中心尤为重要。经过统一收集后的鲜活农产品往往都是原始形态的实物，不能直接分送各超市门店销售，而应进行加工，包括对植物根部切除、清洗等初加工。另外，还可以加工成罐头、蜜饯、果脯等，或是进行深加工，如提取果汁等。加工后的农产品的附加值可增加50%以上，有些甚至超过农产品的原值。在建立冷链物流配送系统后，还可以配置中央厨房，通过集中规模采购、集约生产来实现农产品的质优价廉。

5. 是食品新鲜与安全的保证

食品安全问题的频繁发生引起了人们的注意力。食品在采摘后腐烂变质是造成食品安全隐患和资源浪费的重要缘由。建设一条食品冷藏链，使易腐食品在从产地收购或捕捞，到产品加工、贮藏、运输、分销、零售，再到消费者手中的各个环节中始终处于所规定的低温环境状态，可充分保证食品质量安全。

6. 其分装、分拣工作有利于终端销售

冷链物流配送中心采取大批量采购的形式，对农产品进行分装，缩小包装，以满足终端消费者的需求。此外，配送点各门店在同一时间提出的要货品种上也不尽相同，要货数量也不等，因此由农户进行配送是不实际的，而冷链物流配送中心恰恰能做到根据各门店的要求进行分拣、配送。

三、冷链物流配送中心的选址

随着现代商业的发展，商品流通越来越表现出快速、准确、小批量的特点。原有的以产

品储存为目的的冷库已完全不能满足现代流通的需求。因此,需建立以满足顾客需求和多品种配送为目的的低温物流配送中心。物流冷库也将由传统的"低温仓储型"向"流通型""冷链物流配送型"转变。一般而言,冷链物流配送中心的选址可以采用以下两种方式:

（一）模糊分析法

1. 配送中心选址因素分析

冷链物流配送中心的选址是一个涉及诸多因素的综合决策问题,在选址的过程中各因素都有不同程度的影响,只有将各个因素综合考虑并运用定性定量的分析方法,才能使配送中心的选址决策更合适,更合理,更具科学性。选址的主要影响因素如表4-1所示。

表4-1 配送中心选址方案评价指标

一级指标	二级指标	三级指标
配送中心选址方案 f	中心的运输合理化 f_1	交通配送费用 f_{11}
		交通运输条件 f_{12}
		物流服务水平 f_{13}
	中心的建设费用 f_2	投资成本 f_{21}
		地价因素 f_{22}
		设备费用 f_{23}
	中心的适应条件 f_3	与城市功能形态适应性 f_{31}
		能否带动区域经济发展 f_{32}
		顾客需求分布 f_{33}
	中心建设的自然条件 f_4	所需面积大小 f_{41}
		地质条件 f_{42}
		地貌条件 f_{43}

2. 各因素所占权重计算

运用模糊分析法计算各因素所占比重,构建层次结构模型。将具体问题分解为若干因素,按属性将因素分解为若干组,再划分成递阶的目标层、准则层、方案层,建立模糊判断矩阵。采用如表4-2所示0.1~0.9标度的含义。

表4-2 0.1~0.9标度含义

标度	定义	说明
0.5	同等重要	两元素作用相同
0.6	稍微重要	一元素比另一元素稍强
0.7	明显重要	一元素明显强于另一元素
0.8	重要得多	一元素比另一元素强得多
0.9	极端重要	一元素比另一元素强得非常多
0.1, 0.2, 0.3, 0.4	反比较	若 i 与 j 比较得到 r_{ij},则 j 与 i 相较得到 $1-r_{ij}$

3. 求模糊判断矩阵

配送中心选址的各个因素影响程度不同，我们要充分考虑到每一个方面的影响，结合对每一个影响因素的具体分析，查阅了诸多物流配送中心选址案例的文章，根据表 4-2 所示标度进行打分，得出模糊判断矩阵。

4. 将模糊判断矩阵改造成模糊一致矩阵

记 $r_i = \sum_{k=1}^{n} r_{ik} (i = 1, 2, \cdots, n)$，做变换 $r_{ij} = (r_i - r_j)/2n + 0.5$，将模糊判断矩阵改造成模糊一致矩阵。模糊一致矩阵满足一致性条件，无须再进行一致性检验。

5. 求各影响因素权重

根据 $y_i = 1/n - 1/2a + 1/na \sum_{j=1}^{n} r_{ij} (i = 1, 2, \cdots, n), a \geq (n-1)/2$，（以下均取 $a = (n-1)/2$），推导出各因素权重值。

（二）聚类分析法

如果某区域的顾客群体广，需求量大，而冷链物流配送中心只有一个，那么，配送的压力就会非常大。在这种情况下，建成具有竞争力的冷链配送网络会是个不错的选择。可以采取冷链区域配送中心物流模式，设立冷链区域配送中心，由该配送中心形成辐射圈，缓解整体配送压力，满足该区域服务需求。在合理设立冷链区域配送中心后，冷链配送业务流程将细化到终端配送，不仅能形成自己的竞争力优势，更能大大提高服务水平，满足顾客的个性化要求，吸引更多顾客，同时也能大幅度降低运输成本，提高配送的空间及时间效率。

首先用聚类法对整个冷链配送区域进行划分，将"在一个区域内建多个配送中心的选址问题"转化为"多个区域内分别进行单一配送中心选址的问题"，然后求解出各区域配送中心位置。

聚类法的步骤是：

第一步，选取各区域地理方位和现有客户的需要量作为特征，建立模糊相似关系，然后利用 SPSS 工具进行聚类。

第二步，根据聚类的结果将各个冷链物流配送中心所服务的客户所在地区分为几个区域。

第三步，对不同区域的方案进行比较。如果单区域内客户需求量太大，则配送中心压力太大，因此可考虑缩小配送中心辐射范围，以减轻配送压力，提高服务质量。但是，区域太多会导致配送中心建设成本过高，因此要综合二者，选择包含区域数量、单个大区域内数量合理的方案作为最终的区域划分方案。

四、冷链物流配送中心的作业规范

冷链物流配送中心的作业包括冷链仓储、冷链分拣、冷链配送等过程。

（一）冷链仓储作业流程及规范

1. 作业流程

包括冷链物品的收货、预冷、入库、冷库管理、盘点、出库和残损管理等工作环节。

2. 作业规范

(1) 收货。

a) 应在有控温设施的区域内，在满足冷链物品所要求的温湿度和卫生条件下进行。

b) 到货单证应齐全、数据准确，送货车厢施封装置应完好。

c) 对冷链物品应进行外观检查，发现箱体潮湿、变形、破损及温度不符合要求等异常情况，应及时反馈给委托方，根据委托方意见处理，并做好记录。

d) 根据相关单证对冷链物品的规格、品种、数量进行确认，及时准确地将到货情况录入信息管理系统。

e) 按照信息系统要求做好冷链物品入库信息采集，生成入库记录，并进行核对，确认无误。

f) 将收货信息记录在收货单据上，及时将有关单证按要求保存或传送到相关部门。

(2) 预冷。

a) 根据冷链物品的温度和入库要求判定是否需要预冷以及选择适当的预冷工艺。

b) 将冷链物品迅速预冷至要求的温度，并做好相关记录。

(3) 入库。

a) 根据冷链物品类别及储存温湿度要求选择相应的储区储位。

b) 库内冷链物品堆放整齐、批次清楚并有标识。

(4) 冷库管理。

1) 冷库安全管理。

a) 保持冷库温湿度稳定，防止冻融循环将冷库建筑结构冻酥，防止地坪（楼板）冻臌和损坏。

b) 冷库实行专人管理，未经许可无关人员不得入内。确认冷库内无人才能锁门，无进出库作业时必须关灯关门。

c) 冷库门要经常检查，尽量减少库门的开启。

d) 进行库内排管扫霜时，严禁用钢件等硬物敲击排管。

e) 融霜时要防止水滴落到包装物上。

2) 冷库卫生管理。

a) 冷库工作人员须注意个人卫生，患有传染性疾病时，不得参与作业。

b) 保持冷库的环境卫生，定期清理、扫霜和清洁消毒；必要时进行通风换气。

c) 定期对库内工具、设施进行消毒。

d) 具有强烈气味的冷链物品应单独储存，严格管理，防止串味、污染。

(5) 盘点。

a) 根据每日冷链物品进出情况进行动态复核。

b) 执行定期或不定期盘点制度，并出具月度、季度盘点分析报告。

c) 复核盘点时应做好记录，保证账目、实物、票据等相关信息相符。

(6) 出库。

a) 及时接收订单信息，生成出库单据。

b) 依据相关单证对出入库冷链物品的规格、品种、数量和保质期进行确认。

c) 根据先进先出的原则选定出库冷链物品，并做好相关记录。

d) 按照规定做好出库冷链物品的信息记录工作。
e) 出库交接必须手续规范、单证齐全。
(7) 残损管理。
a) 应建立退货、残损冷链物品管理制度,并做好记录。
b) 残损冷链物品应存放在指定库位,根据规格、品种分类存放,做好隔离标识,及时通知委托方,并定期盘存。
c) 对于临近保质期的冷链物品,应及时通知委托方,按委托方意见处理。

(二) 冷链分拣作业流程及规范

1. 作业流程

包括冷链物品的分拣、贴物流标签、拣后暂存等作业环节。

2. 作业规范

(1) 分拣。
a) 根据发货单据要求确定拣货方式。
b) 分类汇总发货单据,排定作业计划。
c) 根据发货单据复核品种和数量,分类打包。
(2) 贴物流标签。
a) 按配送要求制作相应的物流标签,并检查标签是否正确。
b) 将物流标签粘贴在冷链物品外包装的显著位置;及时上传标签内容。
(3) 拣后暂存。
分拣好的冷链物品应按照路线存放在指定区域,保持规定的温度。

(三) 冷链配送作业流程及规范

1. 作业流程

包括出货、装车、送货、退货等工作环节。

2. 作业规范

(1) 温湿度控制。
冷链物品的配车、装载、送货和卸货作业应满足相应的温湿度要求。
(2) 出货。
根据送货单据核对冷链物品的品种和数量,办理交接手续。
(3) 装车。
a) 根据冷链物品要求安排配送车辆,检查车辆安全状况和制冷系统。
b) 配送前应进行车厢预冷,并检查车厢内温湿度是否符合要求。
c) 装车时应关闭车厢的制冷机组。
d) 装卸、搬运时,监装人员应现场监装,装车人员应按操作规程作业。
e) 多温车应按温度分区逐一装车。
f) 作业完毕后清点冷链物品余数,正确填写发货单据。
(4) 送货。
a) 配送过程中应按规定保持车厢内部温度,并有相应记录。
b) 尽量减少车厢门的开启次数和时间,装卸货时不宜全部打开车门。
c) 冷链物品的交接必须当面核对、点清,并由收货方签字确认。

d) 送货完毕，应将签收后的送货回单、周转箱等及时交回；填写送货记录。

(5) 退货。

a) 发生退货时应进行确认；及时联系委托方，按委托方意见处理。

b) 清点退货实物，核对单据、品种和数量，并将单据、物品交回。

第三节 冷链物流共同配送技术与管理

当前我国发展冷链物流的基础较为薄弱，在未来较长一段时期内还很难缩小与发达国家的差距，因此如何充分整合现有冷链资源，选择适合我国国情的冷链物流配送模式，已经成为我国冷链物流发展的核心问题，而发展冷链物流的共同配送，已经被认为是我国冷链物流配送模式的优化选择。

一、低温共同配送

(一) 低温共同配送的基本概念

低温共同配送又名低温协同配送、联合配送，就是把过去按不同货主、不同商品分别进行的配送，改为不区分货主和商品集中运货的"低温货物及配送的集约化"。

低温共同配送的内涵是在资源共享的理念下建立的企业联盟。企业间通过沟通、交流，逐步形成共识，在互信互利的基础上，通过水平、垂直、同业、异业的整合，以策略联盟、协同组合、物流共同化等合作方式共享有限的资源，从而达到低温物流配送的整合，降低营运成本，提高获利能力，进而提升商品流通效率，促进物流现代化及整体社会资源的有效利用。

低温共同配送是经过长期的发展和探索而优化得出的一种追求合理化的配送模式，也是美国、日本等一些发达国家采用较为广泛、影响面较大的一种先进的物流模式，它对提高物流运作效率、降低物流成本具有重要意义。

(二) 低温共同配送模式的选择

低温共同配送实际上是同一地区或不同地区之间诸多企业在物流活动中相互配合、联合运作，共同进行理货、送货等活动的特殊组织形式。在运作中，按照承担主体的不同，具体可分为以下几种。

1. 多方投资建立共同配送中心

参与共同配送的多个企业共同投资、设计、建造配送中心，参与各方在共同体内基本保持平等关系。企业货物通过配送中心进行合并，配送中心成为共同化业务得以实现的纽带，或者说成为共同体内新的组织协调部门，由它对物流活动的整体进行管理和控制。

2. 由一方负责组织低温共同配送

某一企业负责组织，成员均以自愿参加为原则，成立一个专门机构管理合作事务，进行低温共同配送。该形式的一大特点是无须额外投资建设配送中心，先期投入小，参与者在充分利用现有资源的基础上开展更多的是非实质性的合作，分别在主导企业的协调指挥下进行低温共同配送，组织结构相对灵活、松散，赋予了参与成员更大的自由度，但在物流活动的整体把握力度上较弱。

3. 区域内的综合型低温共同配送

某一区域或商业区、工业区内的企业结成协同联合团体，将所辖范围内小批货物的杂乱、迂回、相向运输加以整顿与综合，将无规则地发生在各种方向、数量、时间上的货运需求汇总，并在运输频繁的地区设置冷藏冷冻仓库，在冷藏冷冻仓库之间把不同厂家的产品和不同种类的商品进行高效的低温混装运输。

从以上内容可以看出，无论是在配送模式还是合作形式上，合作建立共同配送中心都是一种层次较高的低温共同配送模式。共同配送中心是资源优化的理念在物流渠道中的反映，它将各个货主的货物集中低温配送，使物流过程得以优化，提高企业的经济效益；同时共同投资建设配送中心综合了各个企业的资金和资源，降低了企业的投资风险；另外，共同配送中心的建设便于将高新技术运用于分散的货物，以加强企业的调控能力和信息反馈能力，实现企业低库存，最大限度地满足企业生产或商品流通的需要。因此，全社会的冷链物流业应该联合起来，共同建立配送中心，以实现冷链物流业的共同配送。

4. 第三方低温共同集配

（1）第三方低温共同集配的必要性。

配送中心作为共同配送运作的基础设施，是多种物流基本活动、功能的集中发生场所，对实施共同配送发挥着重要的作用。配送中心的建设既可由供货方——生产企业、总经销商、批发商共同投资兴建，也可由收货方——小型批发商、代理商、零售企业共同主持承办，还可以是供货方、收货方、第三方交叉共建纵向型的配送中心。而对于冷链产品来说，由于冷链产品销售终端对产品配送的要求较高，不仅要求频繁配送，而且为了保障及时、高质量的供应，需要一个稳固的物流渠道。因此，建立以第三方物流（third-party logistics，3PL）企业为主导的合作型共同配送——共同集配显然更适合冷链物流。

（2）第三方低温共同集配的优点。

第三方低温共同集配不同于其他配送方式的主要特征是第三方物流企业发挥着组织、管理和调度的领导作用，甚至可以参与到配送中心的运营中，而非隶属于配送中心。它最大的优点在于能够灵活应对各企业的经营业绩与业务量的波动，对道路运输情况和物流实际状况有丰富的专业经验。另外，低温共同集配的合作参与企业或商家可以通过将商品转包给指定的第三方物流企业统一配送，充分利用第三方物流企业专业的现代化设备，发挥规模化效益，这有利于企业或商家集中资源优势专注于自己的生产制造或销售，充分提高其核心竞争力。因此，第三方低温共同集配是一种理想的冷链物流配送方式。

（3）组织第三方低温共同集配的关键。

冷链物流共同集配的战略联盟由供应企业、第三方物流企业、共同配送中心、销售商和冷链物流共同集配信息平台组成。联盟中的每个成员各自履行自己的职责，从而为整个联盟创造最佳的效益。在冷链物流共同集配的运作中，共同集配的参与企业必须与第三方物流企业建立起长期的战略联盟关系，使第三方物流企业充分了解自己的物流需求，实现物流信息的共享。因此，构建服务于生鲜冷链产品高效配送的信息系统平台不仅势在必行，同时也是共同集配得以实现的关键。冷链物流共同集配信息平台是整个冷链物流网络信息搜集、传递、处理和发送的集中地，具有管理、指挥和调度的功能，对优化整个物流网络起着重要的作用。冷链物流共同集配信息平台不仅具有传统供应链管理信息系统的信息共享、处理等简单功能，同时还是整个物流系统的决策制定中心、安全信息监控中心，以及全程追踪、追溯系统，构成了冷链物流共同集配活动的神经枢纽。

信息平台的实时信息处理中心不仅具有一般的订单处理和库存管理等功能，而且可以通过对共同集配参与企业实时数据及相关信息的收集，及时提供准确的市场动态和信息沟通，使物流流程变得更加合理。同时，在掌握准确信息的基础上，信息平台可以通过对下一消费周期的相关需求做出预测，制定出最优的配送频次和数量，有效缩短物流配送的响应时间，减少滞后现象。

安全信息监控中心和全程追踪、追溯系统，是冷链物流共同集配信息平台区别于一般信息平台的重要标志。在整个物流过程中，信息平台将各个参与企业联系在一起，建立起统一的冷链物流标准化体系，依托先进的射频识别（RFID）、电子数据交换（EDI）、全球定位系统（GPS）和地理信息系统（GIS）等技术，对运输过程中的温度等信息进行全程记录，实现从生产到最终消费环节的集成化的、无缝的农产品安全质量信息传递，以及物流过程的安全预警和控制，最大限度地保证物流过程中的产品新鲜度和质量安全，将农产品供应链中以事后检测为主的传统质量监管方式变为以事前控制为主；另外，信息平台的全程追踪、追溯系统通过网络实现实时准确的信息数据跟踪，保证冷链物流过程的安全监控透明可视，从而为可能出现的食品安全隐患进行快速高效评估和深层次的分析研究提供依据。同时，该系统将消费者纳入服务范围之内，可以为消费者提供所购食品的完整信息，从而提升冷链产品的市场竞争力，促进产品品牌的树立。

冷链物流共同集配的配送过程涉及商流、物流和信息流，良好的信息平台不仅有利于冷链产品供需信息和安全信息的高效传递和共享，同时也是冷链物流实现共同集配的有效保障。

（三）低温共同配送的管理措施

对低温共同配送的管理主要体现在以下几个方面：

1. 完善和提高终端零售企业的收货标准

零售终端作为食品流通的最后一个环节，更应该做好食品的检查及验收工作，成为到消费者的最后一道"防火墙"。同时，从供应链的需求关系角度而言，需求方对供应方的有效监督是最可执行、最有效果的，特别是对冷链产品的监督。目前部分零售终端的收货标准较低或标准执行不到位，在一定程度上纵容了部分厂商或物流企业的违规行为。商业流通管理部门应该要求零售终端建立科学的、切实可行的冷链商品收货标准，通过规范化的测温、控制收货时间、控制损耗率等手段，提高冷链食品的品质。

2. 制定低温共同配送的监管措施

目前冷链物流由于缺乏行业标准和监管措施，运营水平差异非常之大，政策缺失导致无序竞争，价格直跌；由于设施落后，冷链物流过程中断链的现象比比皆是：库温不达标，运输过程中温度不足或仅使用简单的棉被进行保温，收发货过程长且在常温状态下进行，等等。这些现象的普遍存在不仅影响了食品的质量安全，而且对运营规范的冷链物流企业造成伤害。为了尽快提升低温共同配送水平，应该制定低温共同配送的监管措施。

3. 实行城市冷链夜间配送

目前超市的收货时间一般集中在白天，然而城市交通的严重拥堵，以及超市分布的街区化、街道化，使得低温共同配送成为一个难以协调的问题。同时，冷链商品与常温商品同时收货，严重违反了冷链物流的温度要求。如果将部分商品或门店的收货时间调整为夜间，将会给企业和社会带来极大的效益。

二、多温共同配送

传统的配送方式是针对不同温度的产品，采用不同的车辆运输。由于每次运输不同温度的产品的数量不同，所需要的不同温度的车数量也不同。有的产品数量少，也许就几件，但是也需要一辆车来配送，这就大大增加了配送的成本，浪费了资源，无法满足运输产品的多样化、个性化，因此多温共配模式产生了。

（一）多温共配的定义

多温共配（Multi-Temperature Join Distribution，简称 MTJD）是指采用一种转载低温食品的制冷技术，将制冷器、制冷板、蓄冷保温箱放入制冷区域，提供并维持配送货物所需的不同温度，与常温货物搭配，采用普通车辆，实现多种温度货物的共同配送。

（二）多温共配的优点

（1）实现不同温度产品共同配送，减少设备的投资和配送成本，提高汽车利用率，更加灵活。

（2）提高物流运作效率，降低单位产品运价，提高产品竞争力。

（3）减少所需运输车辆，从而减少汽车尾气排放，降低能源消耗，保护环境。

多温共配与普通配送模式的单指标比较见表4-3。

表4-3 多温共配与普通配送模式的单指标比较

指标 \ 模式	多温共配	普通配送
技术特征	多种温度货物搭配	单一货物
温度划分	不同温度区域	单一温度
车辆配备	常温车	冷藏、冷冻、常温车
终端设备	常温仓库	冷藏、冷冻、常温仓库
冷冻系统	不需要	需要
温度连续性	高	低
操作成本	低	高
固定成本	低	高
配备容量	高	低

（三）多温共配存在的问题

目前，多温共配系统还不够成熟，存在很多问题。

1. 配送方式不灵活

顾客需求多样性的增加，以及配送过程的多变，增加了配送的不确定性。

2. 资源分配不合理

配送节点、冷藏冷冻车辆、专业冷链操作人员、配送设备等配送资源的不均衡导致多温货物共同配送的资源不能统一布置和调配，增加了多温共配设备的需求难度。

3. 服务网络连接性弱

在冷链物流中适宜的温度是保证货物质量安全的关键。然而，冷链物流服务网络不能提供准确、及时、充分的多温层货物的信息和服务，使得推广难度增加。

4. 行业缺乏标准

由于多温共配系统刚推出不久，许多企业仍然沿用传统的配送方式，而有关部门很难在短时间内颁布相关标准。

课后练习

一、选择题

1. 冷链物流配送技术含量高的主要原因是（　　）。
   A. 温度要求高　　　　　　　　　　　B. 对配送员的素质要求高
   C. 鲜度要求高　　　　　　　　　　　D. 时效要求高
2. 冷链配送在市区的有效距离是（　　）。
   A. 150 km　　　B. 100 km　　　C. 80 km　　　D. 40 km
3. 对于冷链食品安全防护要求，正确的是（　　）。
   A. 全程质量监控　　　　　　　　　　B. 全程温度监控
   C. 全程跟踪运输　　　　　　　　　　D. 减少农药残留
4. 冷藏车低温配送成本高的原因是（　　）。
   A. 油耗高　　　　　　　　　　　　　B. 保养成本高
   C. 维修成本高　　　　　　　　　　　D. 公路收费高
5. 以散干冰为原料的冷链配送的缺点是（　　）。
   A. 原料紧缺　　　　　　　　　　　　B. 产生污染
   C. 有安全隐患　　　　　　　　　　　D. 保管时间不长
6. 以下适合于用电动冷藏车配送的食品是（　　）。
   A. 刚采摘的水果　　　　　　　　　　B. 新鲜面包
   C. 冷冻海鱼　　　　　　　　　　　　D. 新鲜牛奶
7. 冷链配送的发展趋势是（　　）。
   A. 第三方冷链配送　　　　　　　　　B. 共同冷链配送
   C. 自营冷链配送　　　　　　　　　　D. 外包冷链配送
8. 冷链配送提高农产品附加值的方式是（　　）。
   A. 生产加工　　　　　　　　　　　　B. 流通加工
   C. 包装　　　　　　　　　　　　　　D. 集中采购产生价格折扣
9. 对于冷链仓储作业规范，正确的是（　　）。
   A. 所有作业流程在温控状态下进行
   B. 稍微出现质变的货物可以经过处理后入库
   C. 出库严格按照作业标准执行
   D. 盘点可以采用普通货物的形式进行

二、思考题

1. 低温共同配送是降低冷链物流配送成本的重要方式。那么低温共同配送的难点在哪里？

2. 多温共同配送与低温共同配送的区别是什么？你认为未来的发展趋势是低温共同配送还是多温共同配送？为什么？

3. 近年来，我国一些地方农产品丰收后价格很低，频繁出现不计成本低价甩卖的现象。你认为原因是什么？怎样解决？

三、实训操作题

广西灵山县位于广西南部沿海环北部湾经济区的腹地，东邻浦北，南接合浦，西连钦北，西北及北部与邕宁、横县交界，地处北回归线以南，属南亚热带季风气候。县内以丘陵、平原为主，土地肥沃，河流纵横，山川秀丽。灵山大部分的土地是花岗岩赤红壤和沙页岩赤红壤，土层厚度在 1 m 以上的占 90% 以上，pH 值、有机质含量、含氮量、含磷量、含钾量都很适宜荔枝生长，是栽种荔枝比较理想的土壤。一年中太阳辐射强，日照充足，气候温和，无霜期长，雨量充足，十分适宜各种亚热带水果的生长。由于得天独厚的水土和气候条件，灵山是最适宜荔枝生长的黄金地带，出产的荔枝风味品质特别优良。灵山荔枝产于灵山县，种植历史悠久，品质优良。据灵山县志记载，荔枝种植始于唐朝，宋朝已有较大发展。2017 年，全县荔枝种植面积 56 万亩（1 亩 =666.6 m^2），总产量达 12.6 万 t，总产值 7 亿元。品种有三月红、妃子笑、黑叶等 35 种，其中以三月红、妃子笑、黑叶、灵山香荔的面积和产量最大。2012 年 1 月，国家质量监督检验检疫总局批准对灵山荔枝实施地理标志产品保护。

请根据灵山的地理特点和荔枝的冷藏特点设计配送中心。

四、案例分析

生鲜电商急需突破冷链壁垒

据艾瑞对 B2C 生鲜电商的竞争力分析显示，相对垂直类生鲜电商，综合类 B2C 生鲜电商消费者规模更大，但用户黏性还取决于电商企业的服务质量和配送速度；平台类生鲜电商在平台方面优势更加明显，大型 B2C 平台用户黏性更高，业务覆盖地区更广，但一定程度上制约于自有的冷链物流配送体系，配送范围和效率有待提高。

食品网购能力渐渐显示出来。易观智库发布的《2016 年食品网购白皮书》显示，2016 年用户网上购买的生鲜食品占 10.73%。食品网购已逐步成为人们日常生活中不可或缺的部分，各类产品在网上的购买率也有明显增长，逐步呈现多样化趋势，以生鲜食品增长最为迅速，达到 108.91%。

上述白皮书分析认为，生鲜食品市场持续高速增长的主要原因：一是经济的快速增长使人们的可支配收入不断增加，网络购物逐渐普及；二是冷链物流的快速发展，提升了生鲜食品的品质，也提升了消费者网购生鲜食品的信心，拓展了巨大的市场空间。但摆在生鲜电商面前的还有一些难题，例如冷链物流。生鲜类食品对食品新鲜以及速度的要求极高，最常用的方式就是冷链物流，而冷链物流建设的投入要远远大于一般的常温物流系统。

顺丰优选执行总裁崔晓琦曾在易观电商大会上提到，生鲜食品电商有着极大的诱惑，线上市场潜力巨大，客户黏性强、重复购买率高。但还有很多的困难，最难一点就是物流。物流时间长也是造成生鲜食品报损一个非常大的要素。

中粮我买网 CEO 赵平原表示，"对于生鲜电商，仓储物流配送是很重要的环节，比常温的要更耗费资源。"杨阳对 21 世纪网表示，"生鲜电商的冷链投入比例很高，现在大部分生鲜电商都处于'烧钱'阶段，很多生鲜电商都需要经历这样一个发展过程，虽然毛利很高，但是配送和营销压力也很高。"对于各生鲜电商冷链配送的差距，杨阳认为，"我买网在这些方面有一定优势。大部分企业将最后的配送外包，而外包无法控制生鲜的质量，只有配备冷链才能减少损耗。"电商对冷链的重视程度已显现出来，从电商平台的表态来看，下一步这将是布局的重要方向。

赵平原对21世纪网表示，因为中国B2C的冷链现在非常不发达，属于发展初始的阶段，所以我买网会在冷链车和装备方面有比较大的投资。"因为冷链的配送范围会更小一点，所以我们会在华北、华东、华南建更多的冷链仓储配送中心。这是我们下一步投资的重点。"赵平原提到，现在生鲜配送抵达的50个城市主要集中在京津冀、江浙沪、珠三角，以及临近省份的省会。

在我买网获赛富基金数千万美元注资时，赵平原就对双方的合作表示过"将在未来几年内瞄准全国市场，大力开拓地方渠道，升级全程冷链系统，扩大全球直采、原产地直送力度，实现全新升级"的想法。崔晓琦则公开表示，"在冷链宅配方面，我们预计每年的增长率为80%~120%，这个市场，包括顺丰，也尚没有特别完整的解决方案，但是我们专门成立食品供应链部，专门研究这个方案。"杨阳认为，网购企业走过了这么多年，短期内实现的盈利很少，关键是看未来，这也是投资人所看重的。生鲜电商可能跟传统行业是一样的，行业逐渐规范化，品类逐渐标准化，可能短期内会经历业务模式的转型或者转型失败。

而一位电商行业从业者对21世纪网表示，"现在是战略性亏损，不看重短期盈利，都是在拼未来。"

案例思考：
1. 查找资料，我国和世界农产品电子商务物流的基本情况是怎么样的？
2. 生鲜电商冷链配送在我国农村地区有无发展前景？怎样解决其中的问题？

第五章

冷链物流成本管理

> **知识目标**
>
> 了解冷链物流成本的概念和分类；
> 了解冷链物流成本的特点。

> **技能目标**
>
> 能够进行冷链物流成本核算；
> 能够熟练进行冷链物流成本管理。

> **职业能力目标**
>
> 具备控制冷链物流成本的职业能力。

第一节 冷链物流成本的概念、分类及特点

一、冷链物流成本的基本概念

产品冷链物流成本主要包括产品在冷链运输、储存、销售过程中所耗费的各种物化劳动和活劳动的货币总和。具体来说，就是产品在冷链流通中所耗费的运输、仓储、包装、装卸搬运、流通加工、配送等环节所支出的人力、物力和财力的总和。

二、冷链物流成本的分类

产品本身的性质不同，对冷链功能的要求也不同，因而在成本控制的方面也有所不同。产品冷链物流成本从构成上可以分为以下七个部分：

（一）运输成本

产品冷链物流的运输成本包括产品从产地运到配送中心或加工中心，然后再运到销售地

点的费用,如燃油费、车辆通行费、车辆维修保养费、相关人员的费用和相关损耗等。该项成本与运输量、运输里程以及运输过程中对温度的要求密切相关。运输量越大,运输里程越长,运输时间越长,运输过程中的温度越低,运输成本就越高。比如,-5 ℃就比0 ℃要耗费更高的运输成本。

(二) 仓储成本

产品冷链物流的仓储成本主要包括产品在配送中心、加工中心进行储存所耗费的相关费用,包括相关的人力成本、冷库储藏成本、装卸搬运成本等。该项成本主要与产品的数量及储存温度相关。数量越大,温度要求越高,相应的成本就越高。

(三) 惩罚成本

产品冷链物流的惩罚成本主要指产品没有按时按质按量运至目的地,对冷链运营商的罚金,以及在运输过程中由于超载、超速等违反道路交通安全法所造成的罚金。该项成本与产品质量有关,但完全可以避免。

(四) 管理费用

这部分费用是指为了达到客户满意的服务水平所付出的相关物流费用,如冷链物流人员工资、办公成本、相关宣传费用,以及协调控制冷链物流过程所耗费的其他成本。这个部分的成本控制空间最大。从产品冷链物流的构成来看,惩罚成本和管理费用是主要的成本控制环节。

(五) 信息管理成本

物流信息的管理是贯穿整个物流过程的,从产品入库到销售,每一步都需要在信息系统中记录。对于冷链物流来说,这个信息系统不只是起到记录的作用,更重要的是对收集到的信息进行收集和分析,反馈物流成本的控制情况,为进一步控制物流成本提供帮助。

信息管理成本具体包括信息系统的开发成本、运营成本、维护升级成本。

(六) 人力资源成本

专业的冷链物流人才团队是冷链物流活动达到预设水平的保证。因为冷链物流的水平要求更高,冷链物流的对象更容易腐坏,所以要对相关的人员进行培训,让他们具有参与成本控制的意识和规范操作的职业水平。招聘和培训物流从业人员,以及相关人员的劳务费用都属于冷链物流的人力资源成本。

(七) 产品损耗成本

产品损耗成本指的是产品因为腐坏或者达不到销售标准而不能产生利润的产品进货成本及回收成本。由于冷链物流对象的特殊性,冷链物流中的产品损耗会远大于一般物流,因此在分析冷链物流的成本控制问题时有必要把它单独拿出来分为一类。产品的损耗会发生在储存、运输、人员操作的各个环节,通过一定的手段是可以进行压缩甚至创造利润的。

三、冷链物流成本的特点

(一) 显性与隐性成本并存

在现行的会计科目中,只有支付给第三方运输企业和仓储企业的费用列入物流成本,而对于使用企业自己的车辆进行运输,使用自己的仓库进行存储和使用自己的工人进行相关操作的成本计入其他科目,不列入物流费用科目内。因此,我们所能看到的仅仅是物流成本很小的一个部分,这在冷链物流行业也有明显的体现。产品冷链物流成本同时又具有显性的特点。原因在于冷链物流本身具有鲜明的特点,即温度的全程控制。因此,所有与温度控制相关的成本都应列入冷链物流成本,这是显而易见的,也是被绝大多数冷链物流企业所接受的。在实际的工作中,显性的温度成本计算也较为简单。

(二) 具有成本削减的乘数效应

冷链物流活动与一般的物流活动一样,都具有成本削减的乘数效应。假设企业的销售额是 2 000 万元,销售利润率为 5%。如果物流总成本是 200 万元,冷链的温控成本占物流总成本的 50%,那么冷链的温控成本就是 100 万元。如果温控成本可以降低 10%,也就是减少 10 万元的温控成本,这实际上就等于为企业增加了 10 万元的净利润。假定企业的销售利润率仍为 5%,那么,增加这 10 万元的销售利润实际上就需要增加 200 万元的销售额,占到企业销售额的 10%。现实中,增加销售额远比降低物流成本的成本要高得多,可见成本的削减对于企业经营意义的重大。

> **小知识**
>
> ## 什么是乘数效应?
>
> 乘数效应(Multiplier Effect)是一种宏观的经济效应,也是一种宏观经济控制手段,是指经济活动中某一变量的增减所引起的经济总量变化的连锁反应程度。

(三) 存在不完全的效益背反

一般物流活动与冷链物流活动在效益背反问题上的区别在于,冷链物流活动的效益背反关系是不完全的,只是在部分的活动中存在效益背反。在一般物流活动中存在的效益背反现象在冷链物流中也普遍存在,但情况有所不同。通常情况下,运输和仓储之间是存在效益背反的情况的,但是在农产品冷链物流上则不然。由于农产品的生产者大部分是个体农户,他们不具备储存生鲜农产品的环境条件,因此对于收购农产品的加工厂商来说,冷库的建设是必不可少的。由于冷库的建设和租赁成本相对较高,一般厂商倾向于按照订单进行生产,而不会自行租赁仓库进行冷链存储活动。一般物流活动可以有选择地进行相关的运输和存储活动的组合,冷链物流活动则基本上只存在一种选择,而没有运输与仓储活动的组合选择,实际上就谈不到效益背反问题。

> **小知识**
>
> ## 效益背反
>
> 物流成本与服务水平的效益背反是指物流服务的高水平必然带来企业业务量的增加、收入的增加,同时也带来企业物流成本的增加,使得企业效益下降,即高水平的物流服务必然伴随着高水平的物流成本,而且物流服务水平与成本之间并非呈线性关系。在没有很大技术进步的情况下,企业很难同时做到提高物流水平和降低物流成本这两点。

(四) 投资运营成本高

正是由于冷链物流对技术水平的要求更高、组织协调性更强等特点,相较于常温物流,冷链物流显得更加复杂。冷链物流的前期基础建设投入是十分巨大的,对仓库运输设备的要求更高,必须安装温控设施。这一要求使得冷链物流的基建投入高于一般物流 2~4 倍。这样庞大的资金投入对企业来说也是一个不小的挑战。

（五）隐性物流成本高

对普通物流配送来说，当商品未在规定的时间内配送给消费者时，虽然会引起消费者一定程度的不满情绪或者引起退货，但除去逆向运输费用外，退货产品一般不影响其二次销售。然而冷链物流的对象多为对时效性要求高的产品，如果产品的配送时间过长，则会导致产品的质量大幅度折损，加大消费者退货的可能性。而消费者一旦退货，此类产品很难进行二次销售，这势必会加大企业的损失。由此可见，冷链物流的逆向物流成本要远远高于一般的物流。

第二节 冷链物流成本的核算

一、冷链物流成本核算模式

所谓物流成本核算模式，就是通过凭证、账户、报表对物流成本进行连续、系统、全面的记录、计算及报告来核算物流成本的模式。

目前，我国冷链物流成本核算模式主要有单轨制和双轨制两种。单轨制是指建立一套能提供多种成本信息的核算体系，在统一的成本核算体系中反映产品成本、变动成本、物流成本等信息。双轨制是指在现有成本核算体系之外重新构建另一套成本核算体系来反映物流相关的成本费用。显然，单轨制将物流成本核算与产品成本核算结合在一起。双轨制将物流成本核算与产品成本核算截然分开，单独建立物流成本核算体系。

二、冷链物流成本核算模式标准

单轨制是与财务会计体系结合的物流成本核算模式，即把物流成本核算与企业财务会计成本核算结合起来进行，在现有成本核算的基础上增设与物流成本相关的会计科目、凭证和账簿，并且明确有哪些费用项目（物流成本种类核算）以及这些费用是哪些部门、产品或生产活动发生的（物流成本对象核算）。使用这种模式时，在会计处理上，与物流成本无关的部分直接记入相关的成本费用账户，与物流成本有关的部分直接记入设置的物流成本账户。会计期末，再将各个物流成本账户归集的物流成本余额按照一定的标准分摊到相应的成本费用账户中。这种模式的物流成本账户和传统的成本费用账户是合一的。

双轨制是独立的物流成本核算模式，这种模式要求把物流成本核算与财务会计核算体系截然分开，单独建立起物流成本核算的会计科目、凭证和账簿，形成相互独立的两套账户系统。两套体系分别按不同的要求进行计算，向不同的信息要求者提供各自需要的信息，提供的信息比较系统、全面、连续、准确、真实。新的成本核算体系单独反映出有哪些费用项目（物流成本种类核算），这些费用在哪些地方发生（物流成本位置核算）及这些费用是哪些部门、产品或生产活动发生的（物流成本对象核算）。

三、冷链物流成本核算模式的适应形式

从收益与成本匹配来讲，我国一般企业更适合双轨制。单就收益来讲，单轨制能够在一套成本核算体系中提供多种成本核算信息，其经济效益也是非常显著的。而双轨制物流成本

核算体系只能反映物流成本的情况，企业如果想得到责任成本、变动成本等资料，还需再构建责任成本核算体系、变动成本核算体系等。所以，需要多种成本资料的企业可以选择单轨制，不需要多种成本资料的企业可以选择双轨制，这样企业的物流成本核算能得到较高的收益成本比。

从企业管理水平和员工素质、会计基础工作和电算化程度等方面看，单轨制模式对新的凭证、账户、报表体系提出了高要求。而要做好这方面的工作，企业必然需要有较高的管理水平和素质较高的员工，能全面协调各部门的工作，特别是会计机构的员工要完成全新成本核算体系的构建与运作。相比双轨制模式，在单轨制模式下，大量更烦琐信息的收集、整理和加工工作靠手工是无法完成的，必须依靠电子计算机及企业内部网络的帮助。因此，上述各项工作水平都较好的企业可选单轨制。单轨制要求企业的管理水平和员工素质、会计基础工作水平和电算化程度等较高。相对而言，双轨制模式对企业的这些因素要求较低。如果企业的这些基础工作水平一般，那么企业就应该考虑选择双轨制，这样企业的物流成本核算工作才能真正有效地完成。

四、冷链物流成本核算的准备工作

（一）冷链物流成本核算对象的确定

参照我国现行企业会计准则，所谓成本核算对象，是指核算产品成本过程中，确定归集与分配生产费用的承担客体。为了正确核算产品成本，首先就要确定成本核算对象，以便按照每一个成本核算对象，分别设置产品成本明细账（或成本计算单），来归集各个对象所应承担的生产费用，计算出各对象的总成本和单位成本。因此，正确确定成本核算对象，是保证成本核算质量的关键。

（二）冷链物流成本的核算期间

为了计算一定期间所产生的成本，必须将川流不息的冷链物流活动按一定阶段（如月、季、年）划分为各个时期，分别计算各期产品的成本。参照我国现行企业会计准则，会计主体在进行成本核算的过程中，一般选择的成本核算分期必须与会计年度的分月、分季、分年一致，这样便于利润的计算。

（三）冷链物流成本的核算空间

成本核算空间的界定关键是明确会计主体的成本核算内涵。参照国家《企业物流成本构成与计算》的有关内容，冷链物流成本应当包括冷链物流活动中所消耗的物化劳动和活劳动的货币表现，即冷链产品在包装、运输、储存、装卸搬运、流通加工、物流信息、物流管理等过程中所耗费的人力、物力和财力的总和以及与存货有关的资金占用成本、物品损耗成本、保险和税收成本。该标准同时指出，在冷藏等冷链物流作业中，与存货有关的资金占用成本包括负债融资所发生的利息支出（显性成本），以及占用自有资金所产生的机会成本（隐性成本）两部分内容。

五、冷链物流成本核算思路

（一）冷链物流成本核算对象的选取

我国冷链物流企业在核算作业成本的过程中，一般采用双轨制成本核算模式。在双轨制成本核算模式下，冷链物流成本的核算可采用作业成本法核算，即利用作业成本法的基本原理对企业冷链物流成本进行计算和控制。物流作业成本法，简称物流 ABC，是以特定物流活动成本为核算对象，通过成本动因来确认和计算作业量，进而以作业量为基础分配间接费用的物流成本管理方法。物流 ABC 可有效地划分成本的责任归属和成本的使用目的。此外，在明确成本核算对象的时候，还应在以冷链物流作业为对象的基础上兼顾以物流成本项目、物流范围和物流成本支付形态等为成本计算的对象。

（二）固定成本的核算思路

固定成本（又称固定费用）与变动成本相对，是指成本总额在一定时期和一定业务量范围内，不受业务量增减影响而能保持不变的成本。冷链物流作业因其自身业务特点，所产生的固定成本符合规模效应等一般规律，其特征在于在一定时间范围和业务量范围内总额维持不变，但是单位业务量所分摊（负担）的固定成本与业务量的增减成反向变动。

需要指出的是，冷链物流作业过程中所产生的固定成本，其总额只有在一定时期和一定业务量范围内是固定的。这就是说，固定成本的固定性是有条件的，随着规模的无限扩大，单位成本反而会有所提升。

在核算冷链物流作业所产生的固定成本时，通常可区分约束性固定成本和酌量性固定成本，并分别加以核算。

约束性固定成本是指为维持冷链基本服务能力而必须开支的成本，如冷库和冷冻机器设备的折旧、财产税、房屋租金、管理人员的工资等。由于这类成本与维持企业的经营能力相关联，因此也称为经营能力成本。这类成本的数额一经确定，就不能轻易改变，因而具有相当程度的约束性。

酌量性固定成本是指在会计年度开始前，根据会计主体经营、财力等情况确定的计划期间的预算额而形成的固定成本，如广告费、职工培训费等。由于这类成本的预算数只在预算期内有效，并可以根据具体情况的变化确定不同预算期的预算数，因此也称为自定性固定成本。这类成本的数额不具有约束性，可斟酌不同的情况确定。

（三）变动成本的核算思路

变动成本与固定成本相反，是指发生总额在相关范围内随着业务量的变动而呈线性变动的成本。直接人工、直接材料都是典型的变动成本，在一定期间内它们的发生总额随着业务量的增减成正比例变动，但单位冷链物流产品（无形服务）的耗费保持不变。

根据变动成本发生的原因以及冷链物流自身的业务特点，可将变动成本分为两类：一类是技术性变动成本，另一类是酌量性变动成本。技术性变动成本是指单位成本由技术因素决定而总成本随着消耗量的变动成正比例变动的成本，通常表现为冷链物流作业的直接物耗成本，如冷冻车的油耗等；酌量性变动成本是指可由企业管理层决策加以改变的变动成本。

在进行冷链物流变动成本核算时，核算范围应包括组织冷链物流服务所消耗的直接材料、直接人工和变动制造费用，同时应把固定性制造费用作为当期的期间成本，全额列入损益表，作为当期销售收入的一个扣减项目。

六、冷链物流成本核算的账户设置

账户是根据会计科目设置的，具有一定的格式和结构，用于分类反映会计要素增减变动情况及其结果的载体。设置账户是会计核算的重要方法之一。在开设冷链物流成本核算账户时,对现行成本核算体系中已经反映但分散于各会计科目中的作业成本,会计主体可根据业务内容酌情设置账户。针对可以分离的直接成本,可以设立"主营业务成本"一级账户,并在该总账户下按冷链物流成本项目设置运输成本、仓储成本、包装成本、装卸搬运成本、流通加工成本、物流信息成本、物流管理成本、资金占用成本、物品损耗成本、保险和税收成本二级账户。如表5-1所示。

表 5-1 冷链物流成本核算账户一览表

一级账户	二级账户	内容
主营业务成本	运输成本	一定时期内,企业为完成货物运输业务而发生的全部费用,包括从事货物运输业务的人员费用、燃料费、折旧费、维修保养费、租赁费、养路费、过路费、年检费、事故损失费、相关税金等
	仓储成本	一定时期内,企业为完成货物储存业务而发生的全部费用,包括仓储作业人员费用,仓储设施的折旧费、维修保养费,水电费,燃料与动力消耗等
	包装成本	一定时期内,企业为完成货物包装业务而发生的全部费用,包括包装业务人员费用,包装材料消耗费,包装设施折旧费、维修保养费,包装技术设计、实施费用及包装标记的设计、印刷等辅助费
	装卸搬运成本	一定时期内,企业为完成装卸搬运业务而发生的全部费用,包括装卸搬运业务人员费用,装卸搬运设施折旧费、维修保养费,燃料与动力消耗费等
	流通加工成本	一定时期内,企业为完成货物流通加工业务而发生的费用,包括流通加工业务人员费用,材料消耗,加工设施折旧费、维修保养费,燃料与动力消耗费
	物流信息成本	一定时期内,企业为采集、传输、处理物流信息而发生的全部费用,指与订货处理、储存管理、客户服务有关的费用,具体包括物流信息人员费用,软硬件折旧费、维护保养费,通信费等
	物流管理成本	一定时期内,企业物流管理部门及物流作业现场所发生的管理费用,具体包括管理人员费用、差旅费、办公费、会议费等
	资金占用成本	一定时期内,企业在物流活动过程中负债融资所发生的资金成本利息支出(显性成本)和占用内部资金所发生的机会成本(隐性成本)
	物品损耗成本	一定时期内,企业在物流活动过程中发生的物品跌价、损耗、毁损、盘亏等损失
	保险和税收成本	一定时期内,企业支付的与存货相关的财产保险费以及因购进和销售物品应交纳的税金支出

此外,会计主体还可以按物流范围设置供应物流、企业内物流、销售物流、回收物流和废弃物流等三级账户。根据成本耗用主体和耗用形式的不同,为冷链物流作业和非冷链物流作业同时消耗的费用、为不同冷链物流功能作业共同消耗的费用以及为不同冷链物流范围阶段消耗的费用,应按照从事物流作业或物流功能或物流范围阶段作业人员比例、物流工作量比例、物流设施面积或设备比例以及物流作业所占资金比例等确定。可设立"营运间接费用"一级账户,按照成本核算期间进行归纳,并按照配比原则,在各会计期末向各成本耗用对象结转。

会计主体也可以根据实际情况开设管理费用、营业费用、财务费用、其他业务支出、营业外支出、材料采购、应交税金等科目及明细项目，逐一进行分析，确认冷链物流成本。

第三节　冷链物流成本控制

一、物流成本控制的概念

物流成本控制是指通过一定的理论、方法和制度对物流各个环节产生的费用进行计划和管理，尽可能地降低成本，使企业利润最大化。物流成本控制一般采用控制库存成本、加强供应链安排、提高从业人员的服务水平、与三方进行有机合作等手段。

二、冷链物流成本控制的原则及方法

根据冷链物流活动的特性，依循成本控制的原则，在冷链物流成本的控制上应当遵循以下几点：

（一）全面管理

全面管理就是企业所有的人员对物流活动包括的各个环节、涉及的各个方面都要加以控制。它具有三个要素：全方面、全员控制、全环节控制。全方面是指要对物流活动的各项成本进行管理，不仅仅是对物流活动所消耗的人力、物力成本费用的控制，还包括了物流信息管理费用的控制。全员控制是指不仅物流配送人员关系到成本控制，企业所有的人员，上至领导下至基层员工，都要有成本控制的意识，将成本控制视为自己的责任。全环节控制是对物流的配送、储存、包装、装卸与搬运等各环节的成本控制，通过跟踪整个物流过程，找出现有控制手段的缺陷。

（二）例外管理

成本控制还应该着眼于发生概率相对小但需要高度重视的情况，比如物流活动中的逆向物流。逆向物流不仅会造成二次物流的成本费用，而且对于商品本身的损耗也不容忽视，尤其是在生鲜产品的配送上，由退换货造成的逆向物流费用会大大增加。因此，企业需要通过及时的信息反馈和有效的管理，最大限度地降低由退货所引起的损失。

（三）经济效益

需要明确的是，成本的产生是为了企业能够盈利，获得利润。因此，应该对成本控制手段加以区别，对能够增值的物流环节成本和仅仅消耗成本的其他环节要有不同的态度。要依循成本和效益的配比原则，对不能产生效益的成本进行压缩，而对于能够取得效益的成本，要将精力集中在如何提高经济效益上，让企业获得更多的利润。

三、我国冷链物流成本较高的原因

我国冷链物流被定位为"昂贵，易损耗食品，无利可图，容易造成食物中毒"的供应链。据统计，仅仅由于冷链食品在运输过程中的损耗，整个物流费用就占到易腐食品成本的70%。冷链物流效率低、成本高的原因有：

(一)现代化冷藏储运设施落后

比如铁路冷藏车辆大多是机械式速冻，缺乏规范的保鲜车厢，导致大量食品在运输过程中就已腐坏变质。

(二)流通环节多

我国冷链食品生产企业、超市、餐饮企业普遍规模较分散，这增加了流通环节，不可避免地增加了流通成本。

(三)信息不对称

冷链物流各个环节信息不对称，库存、装卸、运输等缺乏透明度，造成配送、运输成本增加。

四、冷链物流成本控制存在的问题

根据西泽修教授提出的"物流成本冰山说"，财务报表所反映的物流成本只能反映企业物流总成本的一个部分，相当大一部分物流费用是不可见的。显露出的物流费用只是冰山的一角，水下的物流成本远大于露出的一角，且水下的部分越大，露出水面的部分就越小。由此可见，物流成本的控制是非常困难的。目前在我国，冷链物流成本控制的问题主要在于：

(一)没有形成完整的冷链物流成本计算科目体系

从目前企业会计核算的情况看，我国财务会计制度没有对物流成本核算对象、核算范围进行规定。因此企业只能按照自己的理解来大致计算物流成本，而不能进行相对准确的计算和控制。物流成本散落在企业生产经营的各个环节，要将它们归拢并提炼出来相对困难。通常情况下，企业在计算成本时，只把支付给运输部门和仓储部门的费用列入物流成本。但企业向外支付的物流费用仅仅是冰山的一角，企业内部消耗的物流成本是非常巨大的。

(二)冷链物流成本的局部控制导致问题出现

由于冷链物流成本控制存在的困难很多，因此企业采取了化整为零的办法，对冷链环节进行局部的控制。但是，冷链物流是一个系统性的概念，将冷链割裂开来进行局部控制的弊端很多。

第一，局部控制方法不能从整体上把握冷链物流的总成本，企业局部冷链物流成本的最优化并不意味着总成本的最优化。

第二，冷链物流成本的局部控制导致企业领导者只能看到局部成本的组成，不能了解企业的总成本情况以及相关成本与总成本之间的关系；而且，冷链物流成本的局部控制可能导致部门间的互相推诿和责任不明，给企业的正常管理带来困难。

第三，经济发展的不稳定性导致局部成本控制困难。近年来中国经济发展迅猛，但同时也存在着相当多的不稳定因素，例如企业人力资源成本的提高，工业原材料价格的上涨，燃油等资源类产品价格的变动，以及国家一些政策法规的出台，都会导致冷链成本的变化。在这样的环境下，对冷链物流成本进行预测相对困难，要将冷链总成本控制在一个预定的范围内也是不现实的。

第四，冷链流通环节信息不对称，导致冷藏车辆的空驶运输、冷冻冷藏仓库的闲置，带来冷链成本的增加。同时，由于我国冷链物流企业规模小，经营能力有限，不能达到经济规模，成本相对较高也是必然的。商超相对分散，也增加了流通环节的成本。

五、冷链物流成本控制策略

冷链物流成本主要由运输成本、仓储成本、库存成本、管理成本组成。其中运输成本与仓储成本所占比例较大，库存成本相对较小。企业要树立现代物流理念，健全企业物流管理体制，不断审视企业的物流系统和物流运作方式，根据实际需求，在具体的作业层最大限度地降低物流成本。

（一）运输方面

冷链物流过程涉及两次运输：一次运输是从冷库到配送中心的流通加工过程；二次运输是从配送中心到销售商的配送过程。针对当前冷链物流的发展情况，企业应积极发展多品种、小批量的小编组机冷车，满足市场对多品种、小批量货源运送的需要；同时发展备有制冷机及保温箱的冷藏车，采取铁路、公路、水路多式联运的组织方式，配以 EDI 等信息技术进行全程温度监控。在运输过程中加大对装卸冷藏运输车辆的考核力度，严格冷藏运输车辆在途时间的考核标准，缩短运输期限以避免运输费用的增加。

（二）配送管理方面

物流配送战略的主要目标是提高服务水平与降低配送成本。目前冷链物流转向多品种、小批量的运输已成为必然趋势。企业应针对大量保质期极短产品的小订单、众多配送网点、复杂时间窗等问题，采取合并小订单、整合配送网点、合并不同产品的时间窗的方式以提高客户服务水平、降低运输成本。另外，和许多企业共同配送能提高车辆装载率和降低配送成本，形成规模效应。

（三）库存控制方面

冷库包括制冷系统、冷库库房建设、冷库内设备等，投资大，但我国的冷库空置率非常高。因此冷链生产企业要最大限度地降低库存成本，尽可能地降低冷库空置率。企业可以借助库存信息系统在平衡过期和缺货的条件下确定最佳订货点。当前顾客对冷链食品的要求越来越显现个性化趋势，企业还应着眼于保持库存的持续稳定，不出现断链。另外，不同生熟情况的食品应分类储存以避免不必要的损失。

（四）管理信息系统方面

管理信息系统也是冷链物流建设的重要环节。它主要包括库存控制系统、顾客服务系统、仓储管理系统和运输管理系统。对企业来说，使用物流管理软件来有效地降低企业物流成本的做法其实无形中扩大了企业利润。系统中准确的库存数据和销售汇总数据为企业采购提供依据，从而提高了工作效率与管理水平；系统还提供各种预警，如近保质期、过保质期产品的报警和在库存品的库龄分析等，使仓库管理人员能及时采取有效的措施，大大减少在库存品的损耗；冷链物流信息系统提供准确的市场动态和信息沟通，使物流流程变得更加合理，减少滞后现象。因此，引入信息系统，既可使冷链物流方向正确，又可充分利用现有冷藏冷链设施，最大限度地降低物流成本。

（五）外包策略方面

冷链食品企业的物流外包是一个发展趋势。冷链物流作为物流业务中基础设施、技术含量和操作要求都很高的高端物流，往往是企业的薄弱环节。自营冷链物流高投入的基础设施和设备、网络及庞大的人力资本并不是生产商的明智之举。外包给第三方物流公司有利于企业降低生产成本，提高经营效率，加强竞争力，提升企业形象。

课后练习

一、选择题

1. 以下冷链运输成本表述正确的是（ ）。
   A. 运输里程与成本成反比 B. 运输时间与成本成正比
   C. 运输数量与成本成正比 D. 运输温度要求与成本成正比
2. 冷链仓储成本包括（ ）。
   A. 人力成本   B. 储藏成本   C. 装卸搬运成本   D. 加工成本
3. 冷链成本控制的主要环节是（ ）。
   A. 运输成本   B. 仓储成本   C. 惩罚成本   D. 管理成本
4. 冷链物流成本的特点是（ ）。
   A. 显性与隐性成本并存
   B. 具有成本削减的乘数效应
   C. 存在效益背反
   D. 投资运营成本高
5. 冷链物流的隐形成本高主要体现在（ ）。
   A. 运输成本   B. 仓储成本   C. 退货成本   D. 管理成本
6. 冷链物流成本核算模式包括（ ）。
   A. 单轨制   B. 双轨制   C. 双向制   D. 单向制
7. 我国冷链物流企业在成本核算模式方面最好选择（ ）。
   A. 单轨制   B. 双轨制   C. 双向制   D. 单向制
8. 以下属于冷链物流固定成本的是（ ）。
   A. 冷库   B. 冷冻机器设备   C. 原材料   D. 消耗品
9. 冷链物流成本核算的账户可设置为（ ）。
   A. 一级   B. 二级   C. 三级   D. 四级
10. 我国冷链物流成本较高的原因是（ ）。
    A. 现代化冷藏储运设施落后   B. 流通环节多
    C. 信息不对称   D. 不合理收费多

二、思考题

1. 查找资料，对比发达国家，我国农产品冷链物流成本高在哪些方面？
2. 怎样从供应链角度降低冷链物流成本？
3. 查找资料，我国近几年出台了哪些降低农产品冷链物流成本的措施？成效如何？

三、实训操作题

广西南宁玉洞冷库是广西最大的冷库，规划建成 30 万 t 冷库群，现投入使用 12 万 t 冷库群。正式获批国家"南菜北运"农产品现代流通综合试点项目后，玉洞冷库以此为契机，加快项目建设进度，并逐步建立农产品流通、信息服务、加工增值、收储调节、流通追溯等流通体系。近日，广西壮族自治区商务厅、财政厅联合发文，将玉洞冷库的"南菜北运"农产品现代流通综合试点项目列为首批部分财政补助资金获得单位。但是，近年来，玉洞冷库运作成本居高不下，企业盈利能力较差。请根据自己所学的知识，为该企业制定成本控制措施。

四、案例分析

生鲜电商痛点多，管控冷链物流能耗与成本是关键

在政策的催热下，天猫、京东、顺丰优选、一号店等纷纷涌入生鲜电商抢占市场。在第三方冷链物流实力较弱的情况下，自建物流体系这种花费巨大的重资产模式成为各家追逐的对象。

自建物流体系导致了生鲜电商早期巨大的资本投入和运营成本，使得多数生鲜电商都处在亏损或微利状态。目前，国内农产品电商接近4 000家，但是其中仅仅有1%能够盈利，7%存在巨额亏损，88%略亏，4%持平。其中，食品物流成本约占到食品总成本的70%。

做好冷链物流，可以有效增加生鲜电商的顾客黏性。其中，管控冷链物流能耗与成本是关键。冷链物流通过完整的冷链不间断体系，在一定温度范围内保持产品的储存和分销，进而延长和确保产品的保存期限，主要有冷藏（2℃）、冷冻（-18℃）和速冻（-29℃）三种方式。由于生鲜电商的产品具有高腐烂性，因此冷链是生鲜电商的重要支撑。不过，国内冷链物流的发展并不成熟，基础设施、技术设备、标准体系都有不少欠缺，这也成为生鲜电商的"痛点"所在。

我国冷链物流建设尚处于起步阶段，与有百余年发展历史的外国相比，我国冷链物流还存在基础薄弱、冷链物流体系尚未形成、市场化程度低、第三方物流缺位以及技术劣势等问题。其中，前几个问题有望在政策推动下快速解决，而技术差距则需要长期追赶。

前瞻产业研究院提供的《中国冷链物流行业市场前瞻与投资战略规划分析报告》指出，近几年，冷链物流每年的增长速度约为20%，目前冷链物流市场规模约为1 509亿元，预计到2020年，冷链物流市场可迅速上升至4 000亿元。

前瞻产业研究院认为，要想继续发展冷链物流，未来应注意两点：第一，需要提升冷链物流技术，降低冷链物流成本，从而在国内各大行业全面推广冷链物流。高能效技术产品已成为未来发展的主导方向；在"互联网+"时代，冷链物流需向智能物流转型，创新节能技术、智能化技术将得到普遍应用。第二，国家政策需要重点照顾第三方冷链物流企业。第三方参与冷链物流的程度决定了冷链物流的市场化程度，而市场化程度越高，物流的专业性越强，冷链流通成本就越低。目前，国内冷链物流政策不断落地，预计第三方冷链企业将受到重点惠顾，在补贴激励下，迎来快速发展。

案例思考：

1. 生鲜电商是目前的发展潮流，大量企业一拥而上开辟该市场。你怎样看待这个问题？
2. 生鲜电商的成本应该怎样控制？

第六章

冷链物流温度监控

知识目标

了解冷链物流温度监控的重要性;
了解冷链物流温度监控的方法。

技能目标

能够熟练操作冷链物流温度监控设备;
能够熟练进行冷链物流温度监控。

职业能力目标

具备监控冷链物流全过程温度的职业能力。

第一节 冷链物流温度监控概述

一、冷链物流温度监控的概念

冷链物流温度监控是指产品从产地采收(或屠宰、捕捞)后在生产、贮藏、运输、销售等消费前的各个环节始终处于适宜的低温控制环境下,最大限度地保证产品品质和质量安全、减少产品损耗的一项系统工程。温控技术中温度条件的控制和实现与特定目标的自然环境关联;对于特定时空目标下的物流过程,或需要通过人工(机械)制冷维持低温环境,或只需采用保温的方式实现产品所需的低温,或兼用这两种方式实现(维持)低温物流。

二、冷链物流温控技术发展的必要性

(一)冷链物流温控技术日受关注,成为经济发展重心之一

随着社会经济的发展,人们的生活和工作节奏步伐加快,对保鲜、冷冻食品的需求越来

越大，冷链温控物流的发展在日益提高的生活品质面前显得日益重要。

（二）先进的温控技术是构建我国物流产业大厦坚实的基础

早在 2010 年，为指导我国农产品冷链物流的发展，国家发改委组织编制了《农产品冷链物流发展规划》，要求各地区结合实际情况"按照全面贯彻落实科学发展观、推进社会主义新农村建设和构建和谐社会的要求，紧紧围绕构建农业增产增效和农民持续增收的长效机制，适应城乡居民生活水平提高和保障居民食品安全的需要，以市场为导向，以企业为主体，初步建立冷链物流温控技术体系，制定和推广冷链物流规范和标准，加快冷链物流基础设施建设，培育一批冷链物流企业，形成设施先进、管理规范、网络健全、全程可控的一体化温控物流服务体系，以降低农产品产后损失和流通成本，促进农民增收，确保农产品品质和消费安全"。物流行业政策法规的相继出台，充分表明国家让"物流"这个曾经只停留于理论的词汇，逐步走上了我国经济产业发展的道路。曾经制约我国物流发展的政策、体制与软硬件设备设施、技术、人才等因素，也将转化为物流产业发展的一砖一瓦，为我国物流产业大厦搭建坚实的基础。

（三）我国的经济结构决定了温控技术发展的迫切性

我国目前还是农业大国，对农产品的供应与需求相对较大，对农产品运输的要求高。而农产品温控物流运输模式是冷链物流的一个专业化发展方向，即在货物到达目的地之前，利用物流设备，通过温控技术的实施，实现货物的全程温控，令农产品在加工、分拣、包装、配送、运输等环节一直处于最适宜保存的温度环境中，在保证品质的前提下使农产品适应相对长的运输时间，从而增加农产品的贸易量，降低物流成本。这种物流模式的特点是对温度的严格控制，最大限度地降低冷链运输中温度波动对货物造成的影响。

三、我国温控物流的发展现状

我国温控物流面临规划欠缺、技术和设备设施落后、人才匮乏等方方面面的问题。温控物流要在一定范围内着力实施并趋于成熟，还需要经历一个漫长的过程。对于"构建农业增产增效和农民持续增收的长效机制"，着重发展农产品温控物流是行之有效的重要举措，但是任重道远。

（一）服务对象复杂多样

随着生活水平的提高，人们对食品的要求越来越高，新鲜、多品种、少数量、配送及时等特点加大了物流难度。而成熟的农产品冷链体系建设不仅仅是为了满足大宗货物的运输需求，还需要覆盖人们生产、生活的方方面面。物流的定义明确了物流服务的过程涵盖从产品自最初的产地（田间地头）或工厂生产加工出来后到目的地收货人手中的整个过程。因此，同样的物流环节却需要多样化的实现方式，既要有日常配送，又要有集装箱运输，方能满足复杂的客户需求。

（二）服务过程控制严格

温控物流不同于普通物流，只要能解决时间和空间的差异问题就能实现价值的附加。它对技术的需求高，物流过程更复杂。如果不控制好物流的每个环节（拣选、包装、配送、运输等），温控物流就会产生"失之毫厘，差之千里"的效果。

（三）需要先进的物流技术、设备和人才

要实现真正意义上的温控服务，先进的技术和设备设施是首要解决的问题。此外，由于物流是多个过程的有效整合，控制好这些过程成为物流结果有效与否的关键所在。这不仅需要系统合理的管理方法，还需要具备先进管理经验的物流技术人才。而我国的温控物流发展在软硬件设施上都有所欠缺。

（四）产业整体规划与规范性建设刚刚起步

农产品温控物流是自相关政策出台后才开始进入国家产业发展规划的，现有资源散乱、企业发展水平参差不齐、产业发展经验不足等制约着其发展。

四、我国与国外温控技术应用对比

我国食品冷藏运输率较低。食品冷藏运输率是指易腐食品采用冷藏运输所占的比例。欧、美、日等国的食品冷藏运输率均达到80%～90%，而我国只有约10%。在运输环节，冷冻冷藏食品车辆温控状态差，商品不合格现象很严重。冷冻冷藏食品仅1/5符合温控标准。据上海一家知名超市生鲜食品加工配送中心披露，供应商的送货车辆存在诸多问题，有些供应商根本不用冷藏车送货；有些供应商即使用冷藏车，也常常不开启冷藏功能。冷冻食品在运输过程中已经自然解冻，到了卖场再冷冻，甚至再次解冻后作为冷却食品卖给顾客。从某外资超市公司对供应商送货车辆与食品的温度记录中发现，就该超市上海地区2007年5～6月份供应商送达店铺的冷冻冷藏食品温度而言，11家供应商中只有两家检测合格率为100%，合格率不到20%，其他9家供应商所提供的食品的温度检测合格率均低于100%，最低的检测合格率只有12%。冷冻食品的标准温度应为－18℃，但食品实际上最低只有－13.7℃，最高达到5.8℃。

内资超市经营者证实这种现象十分普遍。超市生鲜加工配送中心送往门店的商品也存在同样问题。

车辆设备老化陈旧与多次卸货是两个主要原因。车辆老化，导致温度达不到食品要求；冷藏冷冻商品混装、多次卸货，导致车辆温度无法达到冷藏冷冻要求。

而日本对食品的保鲜流通非常重视。为了提高鲜活农产品的附加值，使其产销过程合理化，日本建立了一批加工厂、预冷库、冷藏库、运输中心、地方批发市场、超市、零售店等，鲜活农产品产后的商品化比例达100%；普遍采用包括采后预冷、整理、贮藏、冷冻、运输、物流信息等规范配套的流通体系；政府通过制定法律、法规和提供公共服务等进行宏观调控。美国在发达国家中率先实现了蔬菜产业现代化，较好地解决了蔬菜均衡供应的问题。

在发达国家，温控技术已达到了十分先进的水平。生鲜食品在冷链系统中运行，保证了品质，减少了损耗，提高了产品附加值，产生了巨大的经济效益和社会效益。

五、温控技术的前景

（一）我国温控技术发展趋势面临更高要求

目前，我国冷链物流还没有先进的温控技术，但随着经济的蓬勃发展和城市化水平的提高，我国居民的消费水平和消费能力在逐年提高，我国生鲜农产品的消费规模快速增长，并

且居民对农产品的多样化、新鲜度和营养性等提出了更高的要求,特别是对食品安全的关注度不断上升,这就对温控技术的发展提出了新的更高的要求。

(二) 温控技术政策环境、经济环境以及文化环境好

随着我国对农产品冷链物流发展的重视,国家出台了一系列促进温控技术发展的政策。未来国家会继续出台一系列促进农产品冷链物流发展的细化政策,这一系列物流政策的密集出台将为我国农产品冷链的快速发展提供良好的政策环境。

温控技术的发展与社会的经济环境密切相关。只有在经济繁荣的情况下,消费者才会对易腐产品产生大量需求,因此经济环境对温控技术的发展具有很强的推动作用。

(三) 温控基础设施建设将加快步伐

物流是一个系统,农产品冷链物流的顺利开展需要良好的基础设施作支撑。国家要"重点加强批发市场等重要农产品物流节点的冷藏设施建设,在大中城市周边加快规划布局一批生鲜农产品低温配送和处理中心"。未来,随着国家和地方政府的重视,温控基础设施建设力度将逐步得到加大。

(四) 农产品温控标准化建设将逐步完善

农产品温控标准化建设不仅影响着物流企业的运作效率,更关系到物流服务对象的流通效率,尤其是会影响到农产品的质量安全。在我国,温控技术尚处于快速发展的起步阶段,加强温控标准化建设将极大地推动农产品物流朝着标准化、合理化和现代化方向发展。

(五) 专业的第三方温控物流企业将发展壮大

专业的第三方物流企业是农产品温控物流市场的重要力量。通过将物流业务外包,企业可集中精力发展主营业务、降低企业成本、有效提升企业竞争力。第三方冷链物流企业的服务能力和服务水平将决定整个农产品物流市场的服务质量,由此也可见第三方温控物流企业的重要性。未来国家会出台一些鼓励温控技术企业兼并重组并做大做强的优惠政策,加大对第三方温控技术企业的培育力度。

(六) 温控技术人才培养规模和质量加速

只有做好人才培养才能为农产品温控技术的发展提供坚强后盾。国家引导和推动高等学校设置相关学科专业、开设相关课程,发展温控技术职业教育,并建立交叉研究机构,鼓励扶持行业协会、企业及有关高校结合国内外实践开展冷链物流职业技术培训和继续教育,形成多层次的人才教育、培训体系。未来,我国将加大对农产品冷链物流基础理论的研究,尽快培养一批熟悉农产品温控技术各个环节业务运作、适应时代发展要求的高素质温控技术人才。

第二节 冷链物流温度监控技术与应用

一、温控技术在冷链日常物流中的应用

(一) 温控技术在药品冷链中的应用

受技术限制,目前一些物流公司采用人工确认温度的方式进行温度管理,但这种方式只

限于出货和进货时的测定，缺少运输环节的连续性温控数据。如何实现全程实时温度监测与控制，是药品经营企业进行冷链管理时突出的重点和难点之一。

为了解决这些问题，目前行业中比较流行的做法是采用 RFID（俗称电子标签）技术对全程冷链进行温度管理。RFID 技术多应用于食品、药品等高附加值物流系统的管理中。通过药品出库时在冷藏箱中放置带有温度传感器的 RFID 标签，把货物信息包括药品温度实时地储存在 RFID 芯片中。货物到达后通过手持型读写器批量读取货物及温度信息，可以实现全程的温度信息瞬间获取，降低人工成本及出错率。空调制冷市场专家认为，可以推广冷链物流的信息化技术，实现货物在途信息查询、实时温度监控和地理位置跟踪的自动化操作。

（二）温控技术在乳制品冷链中的应用

乳制品在从奶牛到消费者的过程中，对冷链物流的要求十分高，因此温控技术在乳制品冷链运输过程中起着重要的作用。但目前在国内，几乎没有一种乳制品能够在完全不脱离冷链的条件下走到供应链的末端，而且在冷链的后半段，"断链"的情况更为普遍。

在挤奶设备挤完奶后，应立即通过保温管路将鲜奶传到急速预冷容器中进行急速降温，并在最短时间内将鲜奶温度降至 4 ℃左右，同时在最短时间内将已降温的鲜奶通过保温管路传到专业冷藏奶车的储奶罐中。

专业冷藏奶车的储奶罐在整个运输过程中应始终保持 0~4 ℃，直至送达工厂，并将鲜奶通过保温管路传到工厂冷藏储奶罐。

乳制品加工厂在乳制品生产过程中，应始终保持鲜奶在有冷链控制的环境中，即使在有人员作业的场所，工作环境的温度也不应过高，一般保持在 12 ℃以下。鲜奶则在低温容器中进行加工，产成品依据不同的温度需要进入冷藏（0~4 ℃）或冷冻（-18 ℃以下）存储。存储区域的码头与外界冷藏冷冻车箱的衔接需要是气密的及低温的，并在此环境中进行商品传递。

（三）温控技术在海上果蔬冷藏保鲜中的应用

我国研发的果蔬长期冷藏共贮保鲜技术在海上船舶果蔬运输中得到广泛应用，实现了多种果蔬在特定温度下和谐共贮。根据船舶上果蔬冷库少、装载种类多、要求保鲜时间长的实际情况，根据各种果蔬保鲜贮藏特性，结合船舶冷库条件，科学确定共贮果蔬的种类和共贮温度，合理入库。通过果蔬来源质量的控制、上船前的冷链保鲜处理、保鲜包装和贮藏期间的条件调控，充分发挥各种果蔬的保鲜贮藏潜力，延长了保鲜期。应用该技术，船舶出航一次可以携带 30 多种果蔬，保鲜期比以前提升了 3 倍。

二、结合新技术的温控技术应用

（一）结合 RFID 标签的药品物流温控应用

近年来，疫苗、血液、生物药剂等冷链医药产品市场不断扩大，对医药品冷链物流的要求也逐步提高，医药冷链物流质量管理面临着前所未有的机遇与挑战。全程冷链是疫苗等冷藏药品质量安全的重要保证，生产、出厂、运输、储存、终端都需要冷链保障。不能"断链"，是疫苗冷链物流最基本的原则，否则可能导致疫苗失效，影响群众生命安全。在冷链物流环节，RFID 技术多应用于食品药品等高附加值物流系统的管理中。贴有 RFID 标签的冷链箱，如同有了一张电子"身份证"。"身份证"可以记录货物所有信息，包括货物的实时温度信息。一批冷链周转箱出库时，读写器能一次性读取到该批次各冷链保温箱内的所有 RFID 温度标签的信息。这实现了冷链周转箱出入库信息录入的自动化，缩短时间的同时也确保了出入库信息的准确性。当货物量很大时，出入库自动读取信息能够解决物流操作环节的瓶颈问题。

RFID 技术实现了全程冷链监控。在低温药品的生命周期管理中，冷链的连续数据很重要。为达到冷链商品在库、配送过程的无缝冷链监控目的，就要对冷链商品在库、出库、运输、交货、回库环节进行温度监控。在整个低温冷藏药品冷链管理过程中，应用 RFID 无须人工操作，可全程自动记录药品温度变化情况，并实现不开箱读取温度数据。无论是一个产品还是多个产品，无论是同一地点还是多个地点，RFID 都会将记录实时准确地上传至系统的数据中心，实现药品从仓储、运输到终端的全程冷链管理，便于药厂、药批企业、医院随时掌握药品的仓储、运输、终端信息。RFID 技术与冷藏箱的结合还实现了多批次、小批量低温冷藏药品单品级别实时温度管理，填补了行业空白。技术的补充与企业系统的升级完善相结合，解放了人力，降低了出错率，实现了真正意义上的全程冷链管理。

（二）结合 GPS 等技术的生鲜物流应用

随着社会经济的发展和人们生活水平的提高，人们对食品安全、营养和风味的关注度越来越高，冷鲜肉及低温肉制品将成为主流产品。目前我国一些大城市中，冷鲜肉的销售已占生鲜肉市场份额的 25% 左右。冷鲜肉的品质保障与冷链物流是密切相关的，而冷链物流中温度的控制很重要。冷藏运输是肉类冷链的一个重要环节。冷藏运输环节的核心是连续、精确、可靠的温度控制，这对冷藏车的性能及实时监控提出了非常高的要求。GPS 能够将车厢内温度及时地传给车主、司机、货主，并且可设定超速报警、区域报警、开关车门报警。货主关心车厢内的温度，以保障货物的品质；车主关心车厢内的温度，以便于更经济地维持合同里约定的货物温度范围，降低经营风险。因此，及时地把车厢内温度传给车主、司机和货主很有必要。GPS 使冷藏运输更可控、更规范、更安全。

（三）无线温湿度传感器在仓储方面的应用

仓储对环境的要求比较高。从古代开始，人们便通过挖地窖、使用冰块等办法存储运输一些比较容易变质的果蔬等。如今科技发展迅速，与此同时，人们对于仓储和物流的要求也越来越高。很多时候，一些温湿度方面的原因会影响到存储和运输的物品。

比如大型粮仓的粮食会缓缓释放热量，处于里层的粮食会持续发热、提升温度，若不能及时降温，便会受损严重。除此之外，一些药品、精密仪器、生鲜蔬果的存储一直以来也是一个极大的问题，稍有不慎，就有可能造成严重的损失。

对于粮仓来说，普通的温湿度测量仪并不能满足要求，毕竟大型粮仓的容量极大，一般的温湿度传感器只能感应到外层的温湿度。若要测量内层的温湿度，往往需要布很多线，容易出现很多问题，而且操作使用都非常不便。采用无线温湿度传感器则可以省去这些麻烦。使用普通的温湿度传感器时尚需大量的人工操作，相比之下，无线温湿度传感器完全可以省去大量人力，也不必时时检查。将其与通风设施相连，在无线温湿度传感器感应到温湿度参数超出阈值的时候，相应的通风设施便自动启动，进行降温除湿。对于大规模的仓库来说，只需要很少的人手，就可以随时检查到仓库各个位置的温湿度情况。

同样，对于一些诸如药品之类对于温湿度要求极高的物品，如果采用人力进行温湿度调控的话，有些极端的温度会影响到人的身体健康，而且往往会造成不必要的资源浪费。采用无线温湿度传感器便可以针对不同要求的物品进行温湿度调控，无须消耗多少人力资源。尤其是一些高科技的实验室，不仅要求无尘环境，而且要求精准的温湿度。如果使用传统的温湿度测量仪，同样需要人力来进行操作，往往也很难做到精确控制。而使用无线温湿度传感器，事先设定温湿度范围，自动触发制冷器以及通风系统，就可以将温湿度完美地控制在所需范围之内。

智慧仓储、智慧物流一直是国家发展的重点。无线温度湿度传感器精度高、适应性强，而且操作简单、能耗低，对物品仓储具有极为重要的意义。

（四）运输温度记录仪在长途冷链中的应用

北京长英科技与美国 DALLAS 公司合作，引入冷链温度管理用温度记录仪 DS1921，通过先进的温度传感技术，将温度变化记录在温度记录仪的存储器内，对产品的生鲜度、品质进行细致、实时的管理。此系统的特点有：

（1）DS1921 是一个封装在不锈钢外壳内的计算机芯片。

由于其采用独特的坚固外壳，因此可以将最新信息随人或目标物体携带到任何地方。实际上，由于钢制的外壳足够坚固，可承受室内或室外的各种苛刻环境，因此它几乎可以安装在任何地方。DS1921 十分非常小、巧、轻，可以附着在钥匙链、戒指环、手表或其他个人物品上。

（2）带温度传感器和数据存储器的温度记录仪与应用程序一起作为套餐提供，操作简单。

① 温度记录仪可重复使用，使用成本低，内置高能锂电池供电，电池寿命长。

② 温度记录仪有唯一的 64 位 ID，有准确的时间记录，方便追溯信息，并可连续记录温度数据，容易界定责任。

③ 温度记录仪存储量大。根据使用环境和采样间隔的不同，可以使用 4~10 年；受保护的非易失存储器可连续记录 2048 个数据（可选大容量版本 DS1922，存储容量高达 8192 个数据）。温度记录仪体积小，易于放置。

（3）可以快捷把握生鲜度管理中最重要的运输途中的温度状况。

（4）促进流通过程中的生鲜度管理的改善（改善出货方法、选定物流路线）。

（5）可以向消费者宣传生鲜食品的安全性，树立品牌形象。向消费者提供"放心"服务，树立品牌形象；提供温度数据记录，提升核心竞争力，满足较高层次的"绿色食品消费"需求。

（6）符合食品安全监管要求。根据 HACCP 体系的要求，采购和接收原料时除了检验食品的保质期、外包装、食品外观等外，还必须对食品的内部温度及运输过程中温度的连续性进行严格检查。

（7）温度采样间隔可动态设定，方便使用。

（8）在完成冷链运输的情况下，尽量不增加能耗，达到节能的目的。

温度记录仪的工作方式非常简单：将温度传感器采集的温度定时写入温度记录仪的存储器中，当运输完成后，可以一次性读取所有点对点的供应链温度数据，生成静态的温度变化图表，简单地完成对供应链的温度变化的监管。以监管医院药品柜中需温度管理的药品为例。可以将温度记录仪放置在药品柜之中，通过定期下载数据查看温度变化；记录仪在温度超出设定温度时及时报警,形成早期预警功能。

又比如,在点对点的冷链供应链中,收货方预先将温度记录仪交给发货方,发货方发货时将温度记录仪放置在包装内,当货物到达时,收货方通过电脑软件读取温度数据,软件自动生成整个供应链中的温度变化静态图。温度超出预设的规定温度时,温度记录仪会做相应记录,并由软件读出,可根据时间查询。温度静态图的横轴是时间,纵轴是温度,通过图能准确地知道在什么时间温度发生了怎样的变化,容易界定责任,方便追溯信息。而且预设的规定温度是在温度记录仪内设定的,所以很难被不法修改,而收货方却可以根据货品的不同简单方便地预设温度。

在长途冷链物流,特别是国际物流中,我们可以采用廉价的一次性运输温度记录仪。将一次性运输温度记录仪放入物品包装或货箱中,记录仪将描绘整个运输过程中的温度曲线。货物到达收货方时,收货只要读出温度记录仪中的数据便可以查看整个运输过程中的温度变化情况。

(五) 冷链温控安全监测仪在冷链"最后一公里"的应用

进入"三伏天"后,持续的高温天气让全程冷链备受考验,如何保障食品的冷链运输再次成了业界关注的"热点"。在当前肉价上涨、运营成本增加的形势下,如何经济有效地保证冷链运输、从企业内部挖掘效益成了肉食生产企业不得不考虑的问题。不断上涨的物流费用、高昂的损耗(特别是夏季)已经占到产品成本中相当大的份额。产品流通环节的冷链物流将是挖掘内部效益最重要的控制点。据了解,目前企业的冷链干线物流基本都能够实现集中运输、统一管理,温度也比较容易管控。小范围的市内配送却往往让企业犯难。如何有效地对冷链"最后一公里"进行监测,从物流环节为企业分担高涨的肉价和气温所带来的经营负担?武汉翼彩公司给出了答案——使用翼彩冷链安全监测仪。

与传统车载 GPS 等检测设备相比,这款针对食品冷链物流监管的便携式设备更加便捷实用。手机大小的冷链安全监测仪便于携带,内置电池,无须安装。它能够应对中长途、支线以及市内配送的需求,只要放置在货舱中就能实时监测冷链运输温度与车辆位置。

冷链安全监测仪能够实时将温度、位置等监测数据无线上传到用户管理系统中,便于随时随地进行监测管理;同时,个性化的报警体系能够很好地帮助用户对温度变化及时做出响应。实时监测、便捷查询让人对"最后一公里"的冷链物流更加放心。

第三节 冷链运输管理温度监控系统范例

冷链运输专业车辆定位管理系统是一个集成 GPS 技术、温湿度检测技术、电子地图和无线传输技术的开放式定位监管平台,可实现对冷藏车资源的有效跟踪定位管理,并将定位信息和企业的业务资源进行整合。该系统不仅为冷藏企业和外勤人员提供了一个高效、灵活的管理工具,同时还为冷藏企业创造了一种崭新、科学的管理和控制冷藏车辆资源的模式。

它通过先进的 RFID 技术、GPS 技术、无线通信技术及温湿度传感技术的有机结合,在需要恰当的温度管理来保证质量的生鲜食品药品的物流管理和生产流程管理中,将温度变化记录在"带温度传感器的 RFID 标签"上或"实时"地通过具有 GPS 及温度传感功能的终端,结合无线通信技术上传到企业的管理平台,对产品的生鲜度、品质进行细致、实时的管理,可以简单轻松地解决食品流通过程中的温度监控问题。

一、系统的组成和功能

系统的组成及功能如表6-1所示。

表6-1 系统的组成及功能

系统	载体	主要职能
冷链物流管理平台	管理信息平台	建设提供系统的核心平台,负责接收子系统的数据,对数据进行处理、监控。其主要职能包括:冷链物流的监控和管理、食品质量安全的监督
产地/养殖地管理系统	射频标识及温控传感器	冷链产品的质量控制,冷链产品的信息录入,带有温度传感器的电子标签的附着
屠宰检疫/农残检验信息系统	射频标识及车载终端	冷链产品质量信息录入,冷链产品的检验和质量把关
运输信息系统	GPS导航定位技术及联通WCDMA	冷链物流的运输企业车辆的位置信息和产品所处环境温度信息的实时上传,冷链产品的实时监视和控制
配送消费信息系统	射频标识及车载终端	冷链物流的末端配送,零售企业对产品质量和温度的监控和信息上传

二、系统技术方案

(一) 生产环节

农产品基地根据地块土壤情况和地理位置进行地块划分,并按地块划分给管理人员。基地管理人员每日实时记录农产品的详细种植信息,如播种记录、灌溉记录、施肥记录、病虫害防治记录等,还要在农产品即将成熟时上报预测的采收数量。考虑到农产品基地的地理位置因素,设计采用手持设备将种植信息上传到数据库服务器。这样不仅改变了以往的手写记录方式,方便管理人员记录信息,提高工作效率,而且还可实现信息的实时采集,保证数据的准确性。在农业温棚中安装温度、湿度、光照强度的传感器,视频摄像头,网络传输装置,使大棚内的环境数据能够实时上传,实时监看。如图6-1所示。

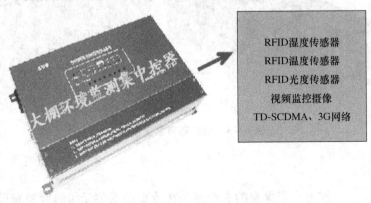

图6-1 农业大棚环境监测

(二) 农残检测、加工环节

此环节首先对农产品进行严格的农药残留检测，对不合格的农产品坚决不予加工包装。在加工环节，加工企业根据本身需要和相关主管部门的要求，必须添加农残检测结果、加工单位、加工日期信息，还可添加包装重量等相关信息数据。经过加工企业的数据充实后，产地信息、农残检测及加工环节信息都已经存储在二维码中，终端消费者在超市或批发市场通过查询终端查询该产品信息时，相关信息一览无余，事故后追溯也变得容易可行。

(三) 仓储环节

在仓储环节，仓储环境控制区通过仓储环境数据采集器，实时监测仓库的温度、湿度、光照度以及气味信息，随时掌握仓库的各种环境参数的变化，保证农产品不会发生变质，也可以通过视频探头实时监视仓库的情况。如果温度等参数发生变化，超过预警线，数据能实时上传并报警。如图6-2所示。

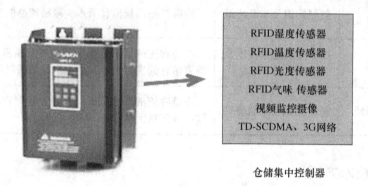

图6-2 仓储环节温度监控

(四) 运输环节

运输过程中，在农产品运输车辆上安装车载控制器，该控制器可以实时测量车辆箱体内的温度，可以通过视频摄像头监视车辆的运行情况，可以通过GPS定位导航仪将车辆的运行路线和轨迹实时上传到平台中，通过GPS系统的短信息功能，可以实现对运输车辆的调度。如图6-3所示。

图6-3 运输环节温度监控

(五) 零售环节

在零售环节，对于需要冷藏保存的农产品，在冷藏柜安装无线温度检测设备，实时监测温度的变化。如果温度超过预设警戒线，系统将发出报警信号。如图 6-4 所示。

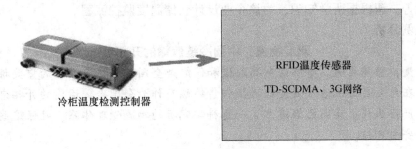

图 6-4　零售环节温度监控

课后练习

一、选择题

1. 关于冷链物流温度监控，表述正确的是（　　）。
   A. 产品从产地采收后在生产、贮藏、运输、销售等消费前的各个环节始终处于低温控制环境下
   B. 产品从产地采收后在生产、贮藏、运输、销售等消费前的各个环节始终处于保温控制环境下
   C. 冷链物流温度监控可以保障农产品质量
   D. 冷链物流温度监控是一项单一的工程
2. 当今社会，人们对冷链食品的要求越来越高，原因是（　　）。
   A. 生活水平提高　　　　　　　　　　B. 生活节奏加快
   C. 生存环境变差　　　　　　　　　　D. 生活成本增加
3. 关于我国温控物流的发展现状，表述正确的是（　　）。
   A. 服务对象单一
   B. 服务过程控制严格
   C. 需要先进的物流技术、设备和人才
   D. 产业整体规划与规范性建设已经达到发达国家水平

二、思考题

1. 冷链物流运输过程为什么要采用全程温度监控？难点在哪里？
2. 我国冷链物流温度监控和国外相比差别在哪里？
3. 查找资料，我国冷链物流温度监控的现状是什么？原因是什么？怎样解决？

三、实训操作题

广西北海保通冷冻食品有限公司位于北海市北部湾西路与成都路交界处，注册资本 4 000 万元人民币，总投资 2.0 亿元，第一期投资人民币 1.5 亿元，建成厂房面积 30 000 m^2，其中加工车间 5 间，生产线 10 条，冷库容量 25 000 m^3；日速冻能力 350 t，年精深加工水产品 25 000 t，年仓储物流量 10 万 t 以上；是一家集水产品、肉类、果蔬等农副产品收购、精细加工、储存、冷链物流、水产养殖、贸易为一体，并具有保税仓功能的综合性冷冻食品加工企业，同时承担政府定点储备任务，被认定为广西壮族自治区水产畜牧业龙头企业，是目前广西区内冷冻食品行业中规范化管理及上规模的农业产业化企业。主导产品包括：罗非鱼

系列产品、南美白对虾系列产品、金鲳鱼系列产品、海捕虾系列产品、海捕鱼类、蟹类、贝类加工产品等。请根据所学知识，为该企业设计仓储温度监控流程。

四、案例分析

双汇物流，中国冷链运输的开拓者

赤日炎炎，酷暑难耐。冷鲜肉制品配送和保鲜是全国食品行业面临的重要挑战，如何才能使肉制品在炎炎夏日快速、安全地送抵销售终端？作为全国冷链运输的开拓者，我国最大的肉制品生产企业双汇集团已经建立了一套科学完善的物流管理体系，确保这些食品从生产到销售终端安全可控。

"生产好的肉制品，最重要的是要保持冷藏温度，不能脱冷。"双汇物流负责人指着厂房外停放的超级加长冷藏车对记者说。"工厂生产好的肉制品，进入恒温的冷库后，就由这些移库车运送至配送中心，然后再由配送中心通过配送车发往各个卖场。无论是移库车，还是配送车，全部都能保持恒温，保证全程冷链运输。"

"冷链是体现肉制品企业实力的一道高门槛，不仅需要巨大的资金投入，更需要时间和经验的积累。"业内人士认为，双汇之所以取得了丰厚的市场业绩，与它多年来一直倾力打造的完善的冷链系统是分不开的，该系统确保双汇产品在从出厂到销售的过程中冷链不中断。冷链物流是随着科学技术的进步、制冷技术的发展而建立起来的，是以冷冻工艺学为基础，以制冷技术为手段，在低温条件下的物流过程；是需要特别装置，需要注意运送过程、时间掌控、运输形态，物流成本占成本比例非常高的特殊物流形式；是"冷链生产、冷链配送、冷链销售"的模式，具有较高的技术含量，是双汇冷鲜肉在国内得以广泛推广的重要保证。

据了解，双汇集团自成立双汇物流以来，陆续购置数百辆各种型号的全自动控制冷藏车辆，目前自有冷藏车辆1 200多台，常温车辆200多台，整合社会车辆2 000多台，铁路专用线7条，温控仓库20万t，常温库18.6万m^2，年配送能力达300万t以上，打造出"从源头到终端"的全程食品安全监控体系，做到"源头有保障，全程有冷链"。双汇集团所有冷藏车辆全部采用进口制冷设备，可以根据产品所需先行设定温度，保障产品在途恒温运输。同时，为有效监督车辆送货途中冷链运行状况，所有车辆安装了温度跟踪仪。通过温度跟踪仪反馈的数据，对产品在途温度控制做到了全程监控。并通过物流ERP系统、车辆GPS定位系统等物流配送管理平台，做到冷链物流科学管理、冷藏车辆实时控制。

双汇集团的发展目标是使双汇成为中国最大、世界领先的肉类供应商。

案例思考：

1. 查找资料，双汇企业在我国处于什么样的地位？
2. 从企业的角度出发，冷链物流温度监控问题的解决途径有哪些？

第七章

冷链物流企业营运与管理

知识目标

知道几种冷链物流企业的运作与管理模式；
熟悉冷链物流市场营销的概念，了解冷链物流市场的分类。

技能目标

能够运用冷链物流商品管理的基本方法进行有效的冷链物流商品运营和管理；
能够熟练开展冷链物流市场的开拓、冷链物流商品的营销、冷链物流商品的管理工作。

职业能力目标

具备冷链物流企业运营与管理能力。

第一节 冷链物流企业的运作

一、冷链商品及物流企业运作模式

冷链物流企业运作模式是指冷链物流企业以何种方式对冷链货物、运输工具、参与企业进行管理。要了解冷链物流企业运作模式，首先必须了解冷链商品运作模式。

（一）冷链商品运作模式

冷链物流作为附加值比较高的物流市场之一，是众多物流企业追求的重要市场，目前已经成为一些物流企业盈利的主要业务之一。冷链物流一般与需求者的生产与供应密切相关。上海光明、双汇、雨润等企业主要采用了自营的模式，而自身资源不足的物流业务则通过外部招标的方式，如蒙牛、伊利等企业主要采用冷链物流外包的模式，并与其优秀的物流供应商签订长期合同以提高其供应链运作与管控能力。表 7-1 是部分种类冷链物流的市场分析与运作特点。

表 7-1 冷链物流市场分析与运作特点

冷链物流	市场分析与运作特点
果蔬与畜禽肉制品冷链物流	①参与者众多，空间大，分布广；②采购和仓储环节复杂，市场不确定性大，要求更加复杂；③在保持生鲜度方面有一定难度，季节性影响大；④各个环节需要良好的组织协调性；⑤市场力量不均衡，农户或者个体储者在冷链物流链条中的利益难以得到保障
水产品冷链物流	①保持产品鲜活性；②部分需要包装良好，防止霉变；③必须满足客户对水产品多品种、小批量的要求；④必须平衡水产品的需求
花卉冷链物流	①配送速度快；②消费需求要求新异与特色化；③追求物流作业的完好率与及时率；④新技术广泛应用；⑤运输成本相对较高
乳制品冷链物流	①流向整合的组织形式；②线与节点具有有效的协调性；③对信息技术要求高；④冷链作业与产品质量要求高；⑤对产地管理要求严；⑥需要庞大快速的配送系统，全程保持较低温度；⑦冷链较短，流通半径小；⑧物流提供商多元化
速冻食品冷链物流	①作业要求比较高；②包装要求严；③强化全程温度控制；④需要高效的物流配送网络
药品冷链物流	①独立完善的冷链物流体系，整合规划与协调；②需要高效的物流配送网络；③强有力的行为规范与专业人才；④全程温度控制；⑤管理建设投资大，系统庞大

1. 果蔬类冷链物流运作模式

果蔬类产品通过产地储藏（或销地储藏）后，经过流通加工和运输环节，进入销地配送中心（或批发市场），然后通过分销商自提或批发商配送的方式进入超市门面、个体商贩零售终端，消费者通过到超市、菜市场等方式购置回家。在这一流程中，运输与仓储是整个冷链物流运作的关键，通过商流与物流环节，最终完成了从田间到餐桌的过程。具体运作模式如图 7-1 所示。

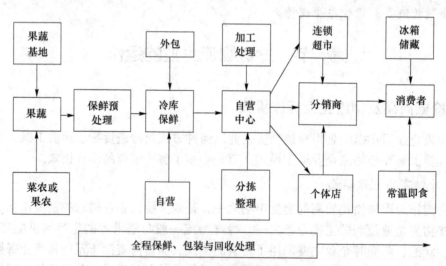

图 7-1 果蔬类冷链物流运作模式

2. 花卉类冷链物流运作模式

一般花卉生产基地进行简单加工和运输包装，通过保鲜与快速运输，把花卉运输至交易地，通过交易市场的商流，把花卉卖给专业用户、花店等销售终端。在此过程中，其冷链物流过程包括保鲜运输、仓储、流通加工、配送等各环节。其物流业务可以是自营的，也可以外包给第三方。具体运作模式如图7-2所示。

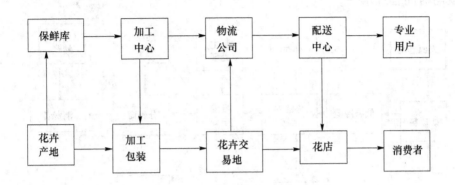

图7-2 花卉类冷链物流运作模式

3. 畜禽肉、冷藏冷冻食品、鲜活水产品类冷链物流运作模式

根据物流中心（配送中心）的设置不同，可分成多种运作模式。其中，一家物流商负责冷链物流的组织过程是一种比较理想的模式（如图7-3所示）。目前，多数屠宰厂和冷藏冷冻食品、水产品加工企业都有自己的冷藏冷冻库，以掌控供应、生产与销售各环节。

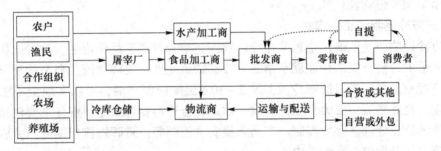

图7-3 畜禽肉、冷藏冷冻食品、鲜活水产品类冷链物流运作模式

4. 乳制品冷链物流运作模式

乳制品是乳类制品的简称，亦称奶制品、奶类食品或奶食品，指以乳类为基本原料加工而成的食品。除各种直接使用奶制成的饮料外，它还包括通过发酵获得的食品（奶酪和奶油）以及对奶进行干燥或者提炼后获得的高浓度制品（如奶粉、炼乳等），雪糕、冰激凌等也包括在内。

乳制品冷链物流是以新鲜奶和酸奶等为代表的低温奶产品在从奶源基地采购、生产加工、包装、储藏、运输与配送、销售直到消费的各个环节中都处于较适宜的低温环境中，以保证奶制品的品质，防止奶制品变质和污染的一种冷链物流。

乳制品冷链物流的主要运作模式如图7-4所示。在乳制品冷链物流的运作中，物流可以外包,也可以自营,运作模式与企业自身的战略要求相一致。比如,光明乳业采用自营冷链物流,而蒙牛乳业只自建冷库,将其作为生产厂的功能之一,除此之外,运输等环节全部外包给第三方物流。在供应链管理上,上游加工企业与奶源基地的关系更加紧密,有的通过自建牧场等方式加强对奶源的控制;有的则通过与小规模生产的分散农户合作经营等方式进行监管。下游通过运输与配送的全程监控,有效地提高乳制品冷链物流的温度与时间管理水平。

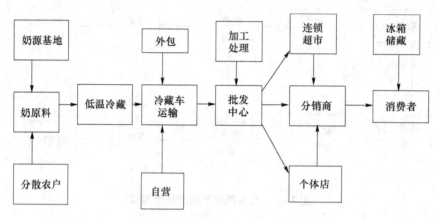

图 7-4 乳制品冷链物流运作模式

(二) 冷链物流企业运作模式

目前,我国冷链物流企业主要有四种运作模式:第三方冷链物流企业模式(3PL 物流)、以加工企业为主导的自营冷链物流模式、以大型连锁经营企业为主导的自营冷链物流模式、依托批发市场型冷链物流模式。

1. 第三方冷链物流企业模式

第三方冷链物流企业通过全程监控冷链物流,整合冷链产品供应链。为冷链物流需求方提供高效完善的冷链方案的企业就是第三方冷链物流企业。夏晖物流是典型的第三方冷链物流企业,它拥有从美国进口的制冷设备及 5~10 t 温度控制车辆,可以实现全程温度控制和自动化管理。夏晖物流主要为麦当劳提供一站式综合冷链物流服务,业务主要包括运输、仓储、各环节的信息处理、存货控制、产品质量安全控制等。夏晖物流根据麦当劳店面网络的分布情况建立了分拨中心和配送中心。

2. 以加工企业为主导的自营冷链物流模式

物流公司整合自有物流资源,建立多家便利店以控制销售终端,进而建设物流配送中心,实现冷链物流向原料供应商的延伸,形成"产供销一体化"的自营冷链物流模式。光明冷链物流是典型的以加工企业为主导的"产供销一体化"的冷链运作模式。光明乳业整合集团下属物流部门成立上海冷鲜物流有限公司,建成 5 个区域物流中心,21 个分销区物流中心,6 个转运物流中心,1 200 多家专业便利店分布在 18 个大中城市。

3. 以大型连锁经营企业为主导的自营冷链物流模式

物流企业通过小批量、多批次、多品种配送,确保生鲜食品的质量安全,形成了大型零售商独自兼营、以配送环节为主的冷链物流模式。联华超市股份有限公司建成联华生鲜食品加工配送中心,总投资 6 000 万元,建筑面积 35 000 m²,年生产能力 20 000 t,是国内目前设备最先进、规模最大的生鲜食品加工配送中心，为其下属的 3 609 家连锁经营店铺提供冷链物流服务。

4. 依托批发市场型冷链物流模式

冷链食品有限公司通过与农产品批发市场连成一体，形成产品生产、收购、加工、储运、配送和提供市场信息服务等一体化的冷链物流运作模式。武汉白沙洲冷链食品有限公司采用的就是典型的依托批发市场型冷链物流模式。它将建成 20 万 t 冷库和冷冻食品、海鲜、干鲜、板栗四大专业市场。无论是在市场建设规模、市场交易量和市场辐射范围，还是在设施设备、库容、管理等方面，武汉白沙洲冷链食品有限公司都在全国同类市场中位居前列。

二、冷链物流企业运作模式比较

（一）优势比较

1. 第三方冷链物流企业模式

物流企业拥有现代化的冷库配送系统，常温库容量、冷冻库容量、冷藏库容量非常大，自备有大吨位的温控汽车，能够开发出食品全程自动检测监控系统。无论是在软件管理方面还是硬件设施建设和配套方面，第三方冷链物流企业都走在行业的前列。利用现有的物流资源优势，第三方冷链物流企业可以与更多的跨行业大客户开展业务，提升自己的市场定位，突破对单一餐饮业提供服务的限制，向零售业和加工业等行业延伸。

2. 以加工企业为主导的自营冷链物流模式

企业能够充分整合和利用自身长期积累的冷链物流设施、人才、管理经验等资源，为冷鲜物流有限公司向第三方物流企业的转换打下坚实基础。以加工企业为主导的自营冷链物流模式效率高、环节少、市场灵敏度高、信息反馈及时，有利于对冷链物流的全程控制，实现对质量安全的全程跟踪；有利于冷链各环节的有效沟通和信息化对接，对市场需求的变化能够做出及时、迅速、准确的反应。

3. 以大型连锁经营企业为主导的自营冷链物流模式

企业建立生鲜加工配送中心，以实现支持生产、保障销售、满足需求为目标，把生鲜食品冷链物流的标准化、规范化运作贯穿于生鲜经营的整个产业化流程之中，不仅体现了生鲜食品的生产能力和物流水平，而且发挥出越来越大的辐射效应。这种冷链物流模式有利于实现产品质量、加工和管理的标准化，能够有效控制和减少店铺的存货和损耗，具有规模、质量优势；有利于提高生鲜食品物流效率，确保生鲜食品在整个供应链上始终处于低温状态；便捷的运输、先进的技术、优质的服务能够树立良好的企业形象，产生很好的社会效益和经济效益。

4. 依托批发市场型冷链物流模式

企业拥有规模、资金优势，因为毗邻批发市场而建，所以又有区位优势。依靠优越的地理条件，这种模式拥有公路、铁路、水运、航空等绝佳的交通优势，能够有效整合农产品资源和生鲜农产品物流功能，显著提高运输效率。并且企业拥有先进的冷冻冷藏设施及运输工具，对生鲜农产品的储存保鲜专业化程度高，利用规模优势有效控制销售终端，为消费者提供新鲜、安全的农产品。

（二）劣势比较及发展策略

1. 第三方冷链物流企业模式

随着物流业的快速发展，第三方冷链物流将面临更加激烈的市场竞争。一方面是与同类型第三方冷链物流企业的竞争，另一方面是与逐渐转型为第三方物流企业的自营物流企业的竞争。同时，随着食品安全问题受重视程度的提高，为确保食品安全和质量，市场对物流企业硬件设施和设备提出的更高要求也是一大挑战。虽然第三方冷链物流企业在软件、硬件方面都具有一定的优势，但是，为迎合市场对高质量物流服务的需求，第三方冷链物流企业应该投入更多的人力、物力、财力来发展壮大企业实力，确保不断提高市场竞争力。在食品供应链体系中要综合考虑食品安全管理和全程质量监控问题，为市场提供高效、完善的冷链物流解决方案，以在第三方冷链物流企业发展不成熟阶段取得先发优势。

2. 以加工企业为主导的自营冷链物流模式

它属于"产供销一体化"物流模式，适用范围较窄，低温生鲜食品易发生变质，物流辐射半径特别是配送半径相对较小。这种模式不利于企业的长期发展，应该向第三方物流方向转变，尽早实现从企业物流向物流企业的转换。

3. 以大型连锁经营企业为主导的自营冷链物流模式

生鲜加工配送中心的冷链物流并非连锁经营企业的主营业务，仅仅是其连锁经营配送中心内众多品类中的一部分。在该业务中物流、销售、采购易形成各自为政、条块分割的局面，供应链节点企业之间时常出现竞争大于合作的情况，造成物流交易费用上升、冷链部分环节脱节等问题。生鲜加工配送中心与供应商及店铺对接时，各方更多的是关注自身业务的利益，三者难以协调一致。针对这种情况，冷链物流企业要尽可能完善管理上的配套制度和设施，让冷链管理直接反映在每个生产环节中。冷链物流企业在提高自营冷链物流运作效率的同时，也要考虑向第三方冷链物流企业发展，在完成企业内部物流作业的基础之上，开展第三方业务，为企业带来更多的经济效益。

4. 依托批发市场型冷链物流模式

服务目标客户群数量多，需求各异，业务规模参差不齐，上游采购及下游销售线路分散，物流业务处于零散、不稳定状态，难以与市场多方客户达成"合约式仓储、一体化运输"的合作业态，不利于企业整体效能的发挥和潜能的发掘。重点经营冷库和批发市场租赁业务的冷链物流企业很难像专业的物流机构一样，通过大规模投资建设全国货站网络。为解决这一问题，冷链物流企业可以采用"建立物流产业园，引进第三方物流"的模式来配套网络的发展。

第二节　冷链物流市场营销

市场营销又称为市场学、市场行销或行销学，是指个人或集体通过交易其创造的产品或价值，以获得所需之物，实现双赢或多赢的过程。它包含两种含义，一种是动词，指企业的具体活动或行为，称为市场营销或市场经营；另一种是名词，指研究企业的市场营销活动或行为的学科，称为市场营销学、营销学或市场学等。

冷链物流企业处于市场经济体系下，面临激烈的市场竞争和优胜劣汰，正确的市场营销手段有助于冷链物流企业发展和壮大。

一、冷链物流市场

（一）冷链物流市场的概念

市场经济认为，市场是实现资源配置的手段。市场要素包括市场主体和市场客体以及市场体系。

1. 市场主体

市场主体是指在市场上从事交易活动的组织和个人。它既包括自然人，也包括以一定组织形式出现的法人；既包括直接从事商品生产和商品交换的经济单位，也包括为其服务的中介机构。

市场主体是市场的能动者。市场主体的活动带有明确的目的，为实现其各自不同的目的，可以采用不同的策略和手段，从而使市场的管理和运作趋于复杂化。

冷链物流企业在冷藏货物运输过程中向客户提供各种服务，属于市场主体。另外，与冷链物流企业有关联的物流公司、运输公司、生鲜食品公司、代理商、货主、政府部门与机构都属于冷链物流市场主体。

2. 市场客体

市场客体是指市场主体在市场上交易的对象。它包括各种有形商品、无形商品，各种服务，以及为生产商品和提供服务所需的一切经济资源，例如生产资料和生活资料商品、以知识形态出现的技术商品和信息商品、以劳动能力形式出现的劳动力商品。

冷链物流企业依靠自身资源和设备向客户提供的各种产品和服务，如水产品、果蔬产品、乳制品、肉制品、医药制品、运输设备、运输信息，均属于冷链物流市场客体。

3. 市场体系

市场体系是为维护市场要素运转而形成的互相依存、相互制约的有机整体。在冷链物流市场体系中，有冷链物流商品市场，它包括冷链物流消费商品市场和冷链物流生产资料商品市场；还有资本市场、劳动力市场、技术市场、信息市场等冷链物流生产要素市场；除此之外，冷链物流市场体系还包括政府管理机制、商品质量监管机制、检疫部门监管机制、金融管理机制、税务监管机制等。

在市场体系内，各类别市场之间存在着相互关联、相互制约、相互影响的关系。如果某一类市场发育不全，或者发育滞后，就会给别的市场造成很大影响。因此，市场体系还必须具有统一性和开放性。

市场体系的统一性是指各类别市场在一个国家地域里是一个整体，不应存在相互封闭或行政分割的现象。部门或局部地区对市场的分割，会缩小市场规模，限制资源的自由流动，从而降低市场效率。市场体系的开放性指市场不仅对国内开放，而且要对国外开放，使国内市场与国际市场接轨，尽可能参与国际分工和国际竞争。

综上所述，冷链物流市场是冷链物流运输参与各方在冷链物流运输交易中所产生的经济活动和经济关系的总和，即冷链物流市场不仅是运输商品交换的场所，而且包括运输活动参与者之间、运输部门与其他部门之间的经济关系。

冷链物流市场的参与者概括起来包括以下四个方面：

（1）需求方。包括各种经济成分的冷藏食品运输需求者，如企业、军队、政府、消费者个人等。

（2）供给方。包括各种为冷藏食品服务需求者提供服务的部门以及冷藏食品经营者的行业组织，如水产品养殖、加工企业与个人，乳品养殖、加工企业与个人，肉类养殖、加工企业与个人，果蔬种植、加工企业与个人，药品生产企业，以及以上产品的批发商、零售商等。

（3）中介方。包括在冷链物流需求和供给双方之间，以中间人的身份提供各种与冷链物流相关的服务的货运代理公司、经纪人、信息咨询公司等。

(4) 政府方。包括政府有关机构和各级交通运输及其管理部门。它们代表国家即一般公众利益，对冷链物流市场进行监督、管理、调控。这些部门主要有财政、金融、税务、城建、环保、工商、物价、商检、标准计量、仲裁等机构。

(二) 冷链物流市场的特点

1. 冷链物流是关系国计民生的产业

冷链物流的对象是水产品、果蔬产品、乳制品、肉制品和医药制品，涉及民众生活的最基本环节，也是关键环节，这些物品供应的质量直接关系到普通民众的生活水平与生活质量，也关系到国家与社会的稳定与发展。

2. 冷链物流市场主体复杂

冷链物流服务对象众多，涉及面广泛，有航空、海洋、河流、铁路和公路运输部门，有众多的贸易企业、生产厂家、种植企业和个人、养殖企业和个人等。冷链物流企业不仅提供冷链货物的装卸搬运、仓储、简单加工和货运等基本服务，还可提供货运交易服务、信息服务、物流咨询等延伸服务。如果一个环节出现问题，则上下牵连，最终影响冷链物流企业的效率，降低冷链物流企业的经济效益和公众美誉度。

3. 国家对冷链物流日益重视

由于冷链物流商品的特殊性，国家对冷链物流越来越重视，从政策、资金、税收、运输等各方面为冷链物流创造优越条件，如税收减免、财政补贴、资金扶持、运输绿色通道等，以便提高冷链物流的质量与效率，提高人民的生活水平。

二、冷链物流市场调查与预测

市场研究是随着社会生产力水平的提高，伴随着商品生产的发展出现的，它是对市场实践活动的总结与指导。当社会生产仅仅能够满足人们的最低生活需要时，当社会生产处于无计划状态时，市场研究的作用并不明显，而当社会生产得到快速发展，社会生产的组织管理日趋现代化，社会生产的计划日趋科学化时，市场研究的必要性和重要作用就充分显示出来了。目前，市场研究不论就自身的理论体系和方法，还是就其研究问题的内容，都已经发展完善起来，成为分析研究市场的必不可少的手段。对于冷链物流企业而言，市场研究的目的是为企业选择合适的市场定位、开拓新的市场、开发新的产品、顺应市场变化而调整经营战略提供依据。

市场研究主要包括市场分析、市场调查、市场预测。

在我国，随着社会的不断发展，市场研究越来越受到更多管理者的重视，其方法论也越来越广泛地被应用于各种市场问题的分析研究上。

(一) 冷链物流企业进行市场研究的作用

1. 市场研究为冷链物流企业制定科学的发展规划提供依据

发展规划是一种重要的经济和管理手段。能否站在较高的角度为冷链物流企业设计未来的发展方向，往往关系到冷链物流企业的成败。发展规划定位太低会错过企业发展的关键期，发展规划定位太高则会浪费资源，最终一无所获。冷链物流企业的发展计划和规划的制定要依据各方面的资料，其中市场分析资料、统计资料和预测资料是很重要的内容。如果不结合实际调查来确定计划和规划，计划和规划就会脱离实际，缺少科学性和可行性。科学系统的市场研究资料保证了冷链物流企业决策和政策的科学性。

2. 市场研究是冷链物流企业管理决策和提高经济效益的必要条件

冷链物流企业正确的管理决策能够使经济活动取得成功，不适当或错误的决策则使经济活动遭受损失或失败。而正确决策的前提之一，就是对经济做出科学的分析、调查和预测。根据市场分析、调查与预测结果所进行的冷链商品营销活动，大大减少了盲目性，增强了冷链物流企业的目标性，给冷链商品营销部门或企业带来了较高的经济效益，也促进了冷链商品的流通，满足了消费者的需求。

3. 市场研究对冷链物流企业生产的合理化起促进作用

市场研究不但是决定各个冷链生产部门生产总量的重要依据，而且是搞好各个生产部门间生产联系的重要依据。它在冷链商品总量的供求平衡、冷库商品类别和主要冷链商品的供求平衡、冷链产业结构的合理调整等方面都起着非常重要的作用。

4. 市场研究对促进和满足消费需求的作用显著

冷链商品的生产与消费是紧密联系的，冷链商品生产的目的就是满足人民不断增长的物质生活的需要。市场分析、调查和预测在满足冷链商品需求和促进冷链商品消费方面也起着重要作用。通过市场分析、调查与预测，可以全面系统地了解冷链商品的需求状况，包括需求数量、需求结构和需求发展变化的规律等。

（二）冷链物流市场研究内容

1. 市场分析

市场分析是指根据冷链物流产品的市场环境、竞争力和竞争者，分析、判断新的冷链项目投产后所生产的产品在限定时间内是否有市场，以及采取怎样的营销战略来实现销售目标。

冷链物流市场分析的研究对象是整个冷链物流市场。从纵向角度看，冷链物流市场分析要研究从冷链物流产品生产者到消费者的所有商业活动，揭示生产者和消费者各自在从事市场活动中的行为和遵循的规律。从横向角度看，在现代冷链物流市场经济体系中，市场活动是一个全方位的活动。一方面，由于不同的地区受其当地政策、文化等方面的影响，其市场活动是有差异的，因此，市场分析必须揭示这些市场活动的特点和规律。另一方面，即便是同一冷链物流市场活动的主体，由于各种不同市场的交互作用，他们活动的内容也是极为广泛的。也就是说，市场的类型多种多样，各种不同类型的市场的特点和运行规律就成了市场分析重点研究的对象。广泛性和复杂性是市场分析研究对象的重要特点。

市场分析是冷链物流产业发展与产业布局研究的组成部分之一，按其内容分为三类：

（1）分析预测市场需求。

包括估计现在冷链物流市场的需求量和预测未来冷链物流市场的容量及冷链物流产品的竞争能力。通常采用调查分析法、统计分析法和相关分析预测法。

（2）分析需求层次和地区市场需求量。

即根据各冷链物流市场特点、人口分布、经济收入、消费习惯、行政区划、畅销牌号、生产性消费等，确定不同地区、不同消费者及用户的冷链物流产品需要量以及运输和销售费用。一般可采用产销区划、市场区划、市场占有率及调查分析的方法进行。

（3）估计产品生命周期及可销售时间。

通过市场分析可确定冷链物流产品的未来需求量、品种及持续时间，冷链物流产品销路及竞争能力，冷链物流产品规格、品种变化及更新，冷链物流产品需求量的地区分布等。在冷链物流产业发展与布局研究中，市场分析有助于确定地区冷链企业的发展水平和发展规模，及时调整产业结构；有助于调整产品结构，提高竞争能力；有助于在运输和生产成本最小的原则下，合理布置冷链物流企业。

2. 市场调查

市场调查就是指运用科学的方法，有目的地、系统地搜集、记录、整理有关冷链物流市场营销信息和资料，分析冷链物流市场情况，了解冷链物流市场的现状及其发展趋势，为冷链物流市场预测和营销决策提供客观的、正确的资料。

市场调查的内容很多，有市场环境调查，包括冷链物流政策环境、经济环境、社会文化环境的调查；有市场基本状况的调查，主要包括冷链物流市场规范、总体需求量、市场的动向、同行业的市场分布占有率等；有销售可能性调查，包括现有和潜在用户的人数及需求量、市场需求变化趋势、本企业竞争对手的产品在市场上的占有率、扩大销售的可能性和具体途径等；还可对消费者及消费需求、企业产品、产品价格、影响销售的社会和自然因素、销售渠道等开展调查。市场调查的方法如下：

（1）观察法。

观察法分为直接观察和实际痕迹测量两种方法。所谓直接观察法，是指调查者在调查现场有目的、有计划、有系统地对调查对象的行为、言辞、表情进行观察记录，以取得第一手资料。它最大的特点是：总在自然条件下进行，所得材料真实生动，但也会因为所观察的对象的特殊性而使观察结果流于片面。实际痕迹测量是通过某一事件留下的实际痕迹来观察调查，一般用于对用户的流量、广告的效果等的调查。例如，冷链物流企业在几种报纸、杂志上做广告时，在广告下面附有一张表格或条子，请读者阅后剪下，分别寄回企业有关部门，冷链物流企业从回收的表格中可以了解在哪种报纸、杂志上刊登广告最为有效，为今后选择广告媒介和测定广告效果提供可靠资料。

（2）询问法。

询问法是将所要调查的事项以当面、书面或电话的方式，向被调查者提出询问，以获得所需要的资料。它是市场调查中最常见的一种方法，可分为面谈调查、邮寄调查、电话调查、留置询问表调查四种。它们有各自的优缺点：面谈调查能直接听取对方意见，富有灵活性，但成本较高，结果容易受调查人员技术水平的影响；邮寄调查速度快，成本低，但回收率低；电话调查速度快，成本最低，但只限于在有电话的用户中调查，整体性不高；留置询问表可以弥补以上缺点，调查人员当面交给被调查人员问卷，说明方法，由之自行填写，再由调查人员定期收回。

（3）实验法。

实验法通常用来调查某种因素对冷链物流市场销售量的影响。这种方法是在一定条件下进行小规模实验，然后对实际结果做出分析，研究是否值得推广。它的应用范围很广，冷链物流企业在改变商品品种、品质、包装、设计、价格、广告、陈列方法等因素时都可以应用这种方法，调查用户的反应。

3. 市场预测

市场预测就是运用科学的方法，对影响冷链物流市场供求变化的因素进行调查研究，分析和预见冷链物流市场发展趋势，掌握冷链物流市场供求变化的规律，为经营决策提供可靠的依据。预测是为决策服务的，是为了提高管理的科学水平，减少决策的盲目性，减少未来的不确定性，降低决策可能遇到的风险，使决策目标得以顺利实现。

冷链物流市场预测应该遵循一定的程序和步骤，使工作有序化。冷链物流市场预测的过程大致包含以下几个步骤：

（1）确定预测目标。

明确目的，是开展冷链物流市场预测工作的第一步，因为预测的目的不同，预测的内容和项目、所需要的资料和所运用的方法都会有所不同。明确预测目标，就是根据经营活动存在的问题，拟定预测的项目，制订预测工作计划，编制预算，调配力量，组织实施，以保证市场预测工作有计划、有节奏地进行。

（2）搜集资料。

进行冷链物流市场预测必须占有充分的资料。有了充分的资料，才能为市场预测提供的可靠依据进行分析、判断。在市场预测计划的指导下，调查和搜集预测有关资料是进行市场预测的重要一环，也是预测的基础性工作。

（3）选择预测方法。

根据预测的目标以及各种预测方法的适用条件和性能，选择出合适的预测方法。有时可以运用多种预测方法来预测同一目标。预测方法的选用是否恰当，将直接影响到预测的精确性和可靠性。运用预测方法的核心是建立描述、概括研究对象特征和变化规律的模型，根据模型进行计算或者处理，即可得到预测结果。

（4）预测分析和修正。

分析判断是对调查搜集的资料进行综合分析，并通过判断、推理，使感性认识上升为理性认识，从事物的现象深入到事物的本质，从而预计市场未来的发展变化趋势。在分析评判的基础上，通常还要根据最新信息对原预测结果进行评估和修正。

（5）编写预测报告。

预测报告应该概括预测研究的主要活动过程，包括预测目标、预测对象、有关因素的分析结论、主要资料和数据，预测方法的选择和模型的建立，以及对预测结论的评估、分析和修正等。

三、冷链物流市场定位

冷链物流企业根据竞争者现有产品在市场上所处的位置，针对顾客对该类产品某些特征或属性的重视程度，为本企业产品塑造与众不同的、给人印象鲜明的形象，并将这种形象生动地传递给顾客，从而确定该产品在市场上的位置。

（一）市场定位内容

1. 冷链物流产品定位

侧重于冷链物流产品质量、成本、特征、性能、可靠性、可用性、款式等。

2. 冷链物流企业定位

即企业形象塑造、品牌、员工能力、知识、言表、可信度等。

3. 冷链物流竞争定位

确定企业相对于竞争者的市场位置。

4. 冷链物流消费者定位

确定企业的目标顾客群。

(二) 市场定位步骤

1. 分析冷链物流目标市场的现状，确认企业潜在的竞争优势

这一步骤的中心任务是要解决以下三个问题：一是冷链物流企业的竞争对手的产品定位如何？二是冷链物流目标市场上顾客的需求满足程度如何以及顾客还需要什么？三是针对冷链物流竞争对手的市场定位和潜在顾客的真正需要企业应该及能够做什么？冷链物流企业的市场营销人员必须通过一切调研手段，系统地设计、搜索、分析并报告有关上述问题的资料和研究结果。

2. 准确选择竞争优势，对冷链物流目标市场进行初步定位

竞争优势表明企业能够胜过竞争对手的能力。这种能力既可以是现有的，也可以是潜在的。选择竞争优势实际上就是比较冷链物流企业与竞争对手各方面实力的过程。比较的指标应是一个完整的体系，只有这样才能准确地选择相对竞争优势。通常的方法是分析、比较企业与竞争对手在经营管理、技术开发、采购、生产、市场营销、财务和产品七个方面哪些是强项，哪些是弱项，借此选出最适合本企业的优势项目，初步确定企业在目标市场上所处的位置。

3. 显示独特的竞争优势和重新定位

这一步骤的主要任务是冷链物流企业通过一系列的宣传促销活动，将其独特的竞争优势准确传播给潜在顾客，并在顾客心目中留下深刻印象。为此，首先，冷链物流企业应使目标顾客了解、知道、熟悉、认同、喜欢和偏爱本企业的市场定位，在顾客心目中树立与该定位相一致的形象。其次，冷链物流企业应通过各种努力强化目标顾客心目中的形象，保持目标顾客的认知，稳定目标顾客的态度和加深目标顾客的感情来巩固与市场相一致的形象。最后，冷链物流企业应注意目标顾客在对其市场定位理解上出现的偏差或由于企业市场定位宣传上的失误而造成的目标顾客模糊、混乱和误会，及时纠正与市场定位不一致的形象。

(三) 市场定位策略

冷链物流企业应避免与实力最强的或较强的其他企业直接发生竞争，而应将自己的产品定位于另一市场区域内，使自己的产品在某些特征或属性方面与最强或较强的对手有比较显著的区别。

1. 迎头定位

迎头定位是指冷链物流企业根据自身的实力，为占据较佳的市场位置，不惜与市场上占支配地位的、实力最强或较强的竞争对手发生正面竞争，以使自己的产品进入与对手相同的市场位置。

优点：竞争过程中往往相当惹人注目，甚至产生所谓的轰动效应，企业及其产品可以较快地为消费者或用户所了解，易于达到树立市场形象的目的。

缺点：具有较大的风险性。

2. 创新定位

寻找新的尚未被占领但有潜在市场需求的位置，填补市场上的空缺，生产市场上没有的、具备某种特色的冷链物流产品。如内蒙古伊利实业集团股份有限公司推出一批新冰激凌产品，填补了市场上小型冰激凌产品的空缺，并进行不断的创新，使得该公司迅速地发展，一跃成为我国顶级冰冻奶制品公司。

采用这种定位方式时，冷链物流企业应明确创新定位所需的产品在技术上、经济上是否可行，有无足够的市场容量，能否为公司带来合理而持续的盈利。

3. 重新定位

冷链物流企业在选定了市场定位目标后，如果定位不准确，或者虽然开始定位得当，但后来市场情况发生变化（如竞争者定位与本公司接近，侵占了本公司部分市场），或者由于某种原因，导致消费者或用户的偏好发生变化，转移到竞争者方面，此时就应考虑重新定位。重新定位是以退为进的策略，目的是为了实施更有效的定位。

四、冷链物流营销策略

（一）肉制品冷链物流市场营销

1. 市场规模

据预测，国内肉类消费继续保持稳步上升趋势。国内肉制品消费未来增长空间巨大。我国肉制品加工业已经经历了市场启动阶段，目前正值成长期。此阶段的特点是消费群体迅速壮大，产量与销售持续增长。主要肉类人均占有量处在世界先进水平，但肉类制品人均占有量远低于发达国家。在未来10年内，肉类加工业将进入一个新的高速发展时期。

2. 营销对策

综合以上情况，如果以肉制品物流作为冷链物流主营业务，建议锁定大客户，重点开拓销售收入过亿的大企业，如双汇、金锣、雨润等。还可立足重点地区，使国内肉类加工业的集中地山东、河南成为企业冷链物流的控制中心和肉制品集散中心。而且，冷鲜肉制品增值服务较多，要充分挖掘，开展多形式、全方位的业务创新，增加除冷链运输以外的冷链物流收益。

（二）速冻品冷链物流市场营销

1. 市场规模

速冻食品是利用现代速冻技术，在-25℃迅速冻结，然后在-18℃或更低温条件下储藏并远距离运输、长期保存的一种新兴食品，常见的有速冻水饺、速冻汤圆、速冻馒头等。目前，我国速冻食品的年产量以每年20%的幅度递增，年产量接近1 000万t。据不完全统计，我国现有各类速冻食品生产厂家近2 000家，年销售额达100亿元。在全国连锁超市的食品中，速冻食品的销售额名列第一。

在速冻食品品牌中，三全、思念占据重要位置，并均以超过10%的市场占有率雄踞第一集团。三全更以5亿元的年销售额成为全国速冻食品市场的龙头企业。第二集团品类众多，但每一种所占市场份额均十分有限。

2. 营销对策

综合上述情况，如果以速冻食品物流作为冷链物流主营业务，建议锁定大客户，重点开拓销售收入超过亿元的大企业，如三全、思念等。也可立足连锁超市和大卖场，利用其店面渠道，建立自己的配送网络。另外，可开展增值服务，如速冻食品的分类包装、粘贴标签等。目前，物流企业开展速冻食品物流业务的优势在于其市场需求持续增加，增值服务需求较多，行业利润较高而风险较小，行业发展潜力巨大；不足之处在于速冻食品对基础设施要求较高，客户渠道不畅通。

(三）冷饮物流市场营销

1. 市场规模

我国冷饮物流市场发展潜力巨大，随着人们冷饮消费习惯的形成、人均收入水平的提高，消费群体将不断扩大。我国冷饮物流生产企业主要集中在经济比较发达的华东、华北和中南三大地区，广东、北京、上海、东北是销量最集中的几个地区，伊利、蒙牛占主导地位，其他品牌如和路雪、宏宝莱、雀巢、娃宝、晨晨等在不断增加。不同品牌之间竞争非常激烈，往往是零售店不大，却摆着两个乃至七个大冰柜，而且每个柜子里只放着一种品牌的冷饮，实行"专柜专放"，各大品牌冷饮产品互不侵犯"领地"。冷饮企业纷纷推出自己的主打新品抢占商机，各冷饮品牌间的争斗逐渐升级。

2. 营销对策

针对上述局面，冷饮物流企业一是要有固定的大客户，如蒙牛、伊利等，而要锁定大客户，冷饮物流企业既要有先进的冷饮物流设备，也要具备质量管理意识。

二是要开发个性化冷饮产品物流业务。对于冷饮市场来说，人们消费冷饮产品最重要的原因还是解暑、降温，因此中小冷饮企业并非没有竞争优势。中小企业的低端产品也有自己的市场，这些厂家的"老冰棍"等产品还是有很多的消费群体的，而农村市场也都以低端产品为主。

三是要紧跟冷饮产品的发展趋势，舍得投入才有产出。目前，冷饮产品的发展趋势是将冷饮产品的属性从防暑、降温向休闲、健康食品转化，从夏季集中销售逐渐转向一年四季常年消费。在未来的冷饮市场上，也许针对女性消费者的富含果蔬纤维的瘦身冰激凌，针对肥胖人士的低脂低糖冰激凌，针对儿童的含钙、镁、锌的维生素冰激凌，以及能够真正达到解暑功效的凉草冰激凌等，将是盈利能力最好的产品。所以，冷饮物流企业要懂得产品的发展趋势，抓出市场机遇，占领市场。

第三节 物流及冷链物流质量管理

一、物流质量管理

物流质量管理是指科学运用先进的质量管理方法、手段，以质量为中心，对物流全过程进行系统管理。它包括保证和提高物流产品质量和工作质量而进行的计划、组织、控制等各项工作。物流质量既包含物流对象的质量，又包含物流手段、物流方法的质量，还包含工作质量，因而是一种全面的质量观。

（一）物流质量管理的内容

1. 物流对象的质量

物流对象的质量管理主要是指在物流过程中对物流对象的保护。这种保护包含数量保护、质量保护、灾害防治。

2. 物流服务质量

物流服务质量是物流质量管理的一项重要内容，这是因为物流业有极强的服务性质。物流业属于第三产业，说明其主要性质在于服务。所以，整个物流的质量目标，本质上就是其服务质量目标。服务质量因用户而异，因而物流企业需要掌握和了解用户需求。

3. 物流工作质量

物流工作质量指的是物流各环节、各工种、各岗位具体工作的质量。工作质量和物流服务质量是两个有关联但又不大相同的概念，物流服务质量水平取决于各个工作质量的总和。所以，工作质量是物流服务质量的某种保证和基础。抓好了工作质量，物流服务质量也就有了一定程度的保证。

4. 物流工程质量

物流工程是支撑物流活动的工程系统，可以分成总体的网络工程系统和具体的技术工程系统两大类别。其主要作用是支持流通活动，提高活动的水平并最终实现交易物的有效转移。

（二）物流质量管理的基本途径

1. 树立企业物流整体质量管理思想

（1）真正形成物流整体质量管理的认识。

一般来说，企业物流活动就是为生产经营服务的服务性活动，主要涉及：由核心服务、辅助服务构成的基本服务组合；服务过程；企业物流服务的形象。不同的企业物流服务，由于功能的构成和重要性不同，其质量会影响顾客对整体服务质量的感觉和顾客的满意程度。强化企业物流质量管理，就必须从企业物流发展战略高度出发，真正树立整体质量管理思想。

（2）认真做好物流服务过程的整体质量管理。

企业必须从整体质量管理出发，强调物流管理人员必须深入了解物流服务全过程，并根据顾客需求，认真做好物流服务网络体系设计工作和服务质量管理工作，不断创造物流价值，提高顾客的满意程度。企业在物流服务过程的各个环节、各个阶段，都必须以优质服务为顾客创造更大的物流价值，增强顾客的信任感和忠诚度。

（3）整体考核企业物流服务质量管理水平。

企业要在激烈的市场竞争中取得长期优势，就必须不断提高企业物流服务质量和生产效率。企业应确定物流服务质量标准，做好每一个关键环节的质量管理工作，促使服务绩效符合或超过顾客的期望。要从整体角度客观地衡量物流服务质量管理水平，积极采用高新技术加强质量管理，提升企业物流服务的整体质量水平。在物流服务绩效考核中，要考核服务效率，更要考核服务质量和顾客满意程度。

2. 建立有效的物流质量管理信息系统

建立有效的物流服务质量管理信息系统能为企业提供物流服务质量改进决策必需的各种信息，激励企业内部员工改进物流服务工作。要建立有效的物流质量管理信息系统，企业应遵循的原则是：

（1）计量顾客对物流质量的期望。

企业既应计量顾客对物流服务质量的评估，也应计量顾客对物流服务的期望。顾客对物流服务的期望是顾客评估物流服务质量的依据。不计量顾客的期望，企业就很难正确理解顾客对物流服务质量的评价。

（2）强调信息质量。

企业应强调信息质量，包括信息的相关性、精确性、实用性、连续性、可信性。企业为顾客提供优质的信息服务，可增强顾客忠诚度，扩大市场份额，提高经济收益。物流质量管理信息系统可让管理者了解物流信息质量对企业的影响，做好有关管理工作。

(3) 实时监控物流质量状况。

在为顾客提供物流服务的过程中，由于多种因素的共同影响，企业物流质量会发生变化。加强物流质量管理需要随时了解和掌握物流质量的现状、运行过程和发展趋势，及时发现问题、改进管理。要提高企业物流服务与管理质量，一般需要对物流服务质量进行广泛深入的调查研究，建立一定的评价指标体系，实现企业物流质量管理信息的实时采集、整理、传递，有效实行监督和控制，不断提高服务与管理水平。

3. 加强企业物流质量管理的主要措施

要有效地提高质量管理工作效果，企业必须根据质量管理环境，采取适当的管理措施。主要包括：

（1）根据全面质量管理理论，建立和完善企业物流质量管理的计量、评估体系，切实消除企业物流过程中的差错。

（2）积极引进现代质量管理理论和技术，提高质量管理水平。科学技术就是生产力，企业必须借助现代高新技术强化物流质量管理，真正认识技术的推动作用，大力开展技术创新活动。

（3）运用有效的激励措施，实行全员质量管理。企业应根据顾客需求环境的相对不确定性，运用有效的奖励和激励措施，激励员工提高学习能力和创新能力，鼓励员工承担风险，通过精心设计、认真实施的试验，探索减少差错的新方法。

二、冷链物流质量管理

冷链物流质量管理涉及食品安全。加强对冷链物流的质量监管，需要生产企业、物流企业、销售企业、政府部门的共同努力。我国冷链物流设备和管理方法陈旧，导致冷链食品质量存在很大隐患。

（一）冷链物流质量管理的特点

1. 系统性

质量管理是一个系统的过程，它渗透在整条冷链的每一个环节。物流是由不同环节、不同阶段、不同要素组成的有机整体，也是一个系统。冷链物流质量管理是由冷链物流活动的相关方共同进行的，它们之间存在着既矛盾又统一的关系。无论是从冷链物流质量管理的主体还是从客体来看，冷链物流质量管理都是一个完整的体系。因此，加强冷链物流质量管理就必须从冷链系统的各个环节、各种资源以及整个物流活动的相互配合和相互协调做起，运用系统原理对物流质量进行系统分析，使冷链物流活动达到整体最优。

2. 过程性

冷链物流质量管理是对生鲜食品采购、包装、仓储、流通、加工、运输、配送等若干环节进行全过程的质量管理，是在社会再生产过程中对食品进行全面质量管理的重要一环。在此过程中，必须通过协调各过程之间的依存及制约关系，进行全过程质量管理，只有这样才能保证食品在流通过程中的质量安全，更高效地实现冷链物流质量管理。

3. 全面性

冷链物流质量管理不仅管理物流对象本身，而且还控制食品的质量安全、物流作业质量、物流工程质量和物流服务质量，具有全面性。只有全面控制质量才能最终实现冷链物流质量管理目标。

4. 动态性

冷链物流质量不同于其他产品质量，可以通过工业生产线进行严格的控制。冷链物流是随时变化的动态过程，影响冷链物流质量的因素是综合、复杂、多变的，质量管理的方法与措施必须在运输、仓储、包装、流通、加工等环节，随着食品种类、人员操作以及自然条件变化等因素而随时变化。

5. 先进性

物流理念不断更新变化，新的物流应用技术不断出现，只有保持先进性和创新性，才能保证冷链物流质量管理与时俱进，适应发展要求。

6. 安全性

冷链物流质量安全有三个方面的含义：一是使用安全，也就是质量有保证，无性能缺陷；二是战略安全，包括产品的充足供应，突发事件、理赔事故等的处理安全；三是食品质量安全，即在生产、加工、贮藏、运输以及配送直至最终消费的全过程中不受到损害的一种担保。只有抓好这三个方面的安全，才能确保冷链物流质量安全。

7. 时效性

由于生鲜食品的易腐性，在一定的温度下，食品所发生的质量下降与所经历的时间存在确定的关系，因此顾客对物流运输时效性提出了很高的要求。冷链物流质量管理还必须满足生鲜食品对温度、湿度等的特殊要求，必须在专业运输设备、技术和高效的管理协调方法等方面提供切实的保证。

（二）冷链物流质量管理的意义

1. 保证物畅其流，降低损耗

我国农副产品流通量很大，其中 80% 以上的生鲜食品采取常温保存、流通和初加工手段。据统计，常温流通中果蔬约损失 20%，粮油约损失 15%，蛋约损失 15%，肉的干耗为 3%，加上食品的等级间隔、运输及加工损耗，每年的经济损失约为上千亿元。可见我国冷链物流存在很大的发展潜力，完善、健全的冷链物流质量控制体系可以给我国带来不容忽视的经济效益，大幅度降低由于食品物流环节而造成的经济损失。

2. 提升我国食品企业、物流企业的竞争能力，降低物流成本

我国的食品冷藏车运输现状不容乐观：易腐保鲜食品的装船、装车大多在露天下完成，而不是按照国际食品标准在冷库和保温场所操作；信息不共享、传递失真造成过度生产、采摘等，导致食品的极大浪费；冷链物流中冷库、运输工具空置率高、利用率低等。这些现实或潜在的问题，加大了我国食品的损耗，增加了物流成本，但尚未引起企业和相关部门的重视。建立和完善我国的冷链物流质量管理体系，整合冷链物流，有利于提高食品企业和物流企业的竞争力，降低物流成本。

（三）冷链物流质量管理的方法

1. GMP 管理法

"GMP"是英文 Good Manufacturing Practice 的缩写，中文意思是"良好作业规范"或"优良制造标准"，是一种特别注重在生产过程中对产品质量与卫生安全实施自主性管理的制度。它是一套适用于制药、食品等行业的强制性标准，要求企业在原料、人员、设施设备、生产过程、包装运输、质量控制等方面按国家有关法规达到卫生质量要求，形成一套可操作的作业规范，帮助企业改善企业卫生环境，及时发现生产过程中存在的问题，并加以改善。简要来说，GMP 要求食品生产企业具备良好的生产设备、合理的生产过程、完善的质量管理和严格的检测系统，确保最终产品的质量（包括食品安全卫生）符合法规要求。

2. SSOP 管理法

SSOP 是 Sanitation Standard Operating Procedure 的缩写，中文意思为"卫生标准操作程序"。SSOP 是食品加工厂为了达到 GMP 的要求，消除加工过程中的不良因素，使其加工的食品符合卫生要求而制定的，用于指导食品生产加工过程中的清洗、消毒和卫生保持。

3. HACCP 管理法

HACCP 是 Hazard Analysis and Critical Control Point 的英文缩写，中文名称是"危害分析与关键控制点"。它是一种对食品安全危害予以识别、评估和控制的系统方法，也是一个确保食品生产过程及供应链免受生物、化学和物理性危害污染的安全管理工具。HACCP 关注的焦点是整个食物链的安全危害，即从原料、中间产品到餐桌的每一个环节的安全和管理控制。与 ISO9000 质量管理体系类似，它也采用"过程"方法进行管理，提倡管理者的领导核心作用和全员参与，强调监视测量，并要求对质量记录、文件和数据进行控制管理等。

（四）冷链物流全程质量管理

1. 加强冷链物流因素管理

（1）人的因素。

建设冷链物流质量控制体系，必须重视人的因素。冷链物流质量管理对人的依赖性更强于其他产品物流质量管理。冷链物流质量的动态性和复杂性要求物流实际操作人员时时保持最佳状态，面对变化时能迅速做出反应和决定。冷链物流工作人员必须进行卫生知识培训，考核合格后方可上岗。冷链物流工作人员必须有良好的个人卫生习惯，定期检查身体，并按要求取得健康证。冷链物流工作人员除了卫生知识培训以外，还需做好从业人员职业技能培训工作，使自己的知识结构、能力结构、技术熟练程度、质量意识、责任心等符合冷链物流工作的需要。人员能否在合适的岗位发挥合适的作用，受到体制的制约，人员作业的质量又依赖于先进的工作设施设备及技术方法。

（2）技术设备因素。

技术设备因素包括物流各项设施设备的技术水准、能力、适用性、维修保养状况及设备配套性等。技术设备对企业物流质量管理体系能否有效运作具有一定程度的影响。设施设备的标准化、机械化可以降低人为因素导致的物流质量标准不确定性，是确保物流规范运作的基础保证。国外冷冻冷藏物流之所以发展迅速，是因为冷藏装备起到了极为关键的作用。发达国家逐步淘汰了冰冷车和机冷车，目前已广泛采用机冷式冷藏集装箱，并有通风、气调、液氮、保温、冷板等多种类的冷藏箱，极大地促进了冷藏运输的发展。目前，我国冷冻冷藏企业的制冷技术仍处于一个较为落后的阶段，保留着以往的老一套制冷工艺和技术，相当于国外 20 世纪 80 年代的水平，冷冻冷藏质量监控、车间环境温度和洁净度控制、卫生管理和包装技术仍与国际标准有较大的差距，冷藏仓储基础也较差。

（3）外界环境因素。

外界环境因素包括物流工作的外界温度、粉尘、噪声、卫生条件、交通条件等。物流的运输、储存、装卸、搬运、包装、配送等环节发生在不同的工作空间，不同于一般产品的生产，后者是在相对封闭的生产车间通过机械化的流水线作业完成的。冷链物流的作业对象是生鲜和冷冻食品，因此，保持环境卫生是保证冷链物流质量的重要前提。库房周围和库内外走廊、汽车、火车站台、电梯等地必须坚持每天清扫，保持卫生；物流中心进出人员禁止随地吐痰、抽烟、乱扔杂物；使用的工具、器具要勤洗、勤擦，定期消毒；冷库库内商品出清后，必须彻底清扫、检查、消毒、堵塞鼠洞、杀灭霉菌。以配送为例。配送一般要实现食品从企业到下一级用户的空间转移，运输工具、配送路线的选择以及配送途中的交通条件和时间变化等都会对冷链物流质量产生影响，而且这种影响程度是不可预测、不可避免的。因此，外界环境是冷链物流质量管理体系不可忽视的要素之一，而且它最终作用于机制、人、设施设备和技术方法的综合实施结果。

2. 加强冷链物流过程管理

（1）建立冷链物流运作的质量保障体系。

首先，要配置冷链物流的硬件设备体系，如合适的冷藏车、专业的生产企业、速冻装置、保温车、冷藏集装箱、冷藏柜，以及与冷链物流相关的辅助设备。目前，我国还没有形成可以与国外竞争的冷藏设备。其次，要具有冷链软件保障体系，如冷链物流质量保障制度、冷链物流质量法律法规、冷链物流培训机制等。

（2）冷链物流加工过程遵循"三P"与"三C"原则。

"三P"即农产品原料的质量（Produce）、处理工艺（Processing）、货物包装（Package）。原料质量好、处理工艺品质高、包装符合货物的特性是农产品在进入冷链时的早期质量标准。

"三C"即在整个加工与流通过程中，爱护农产品（Care），保持清洁卫生（Clean）的条件，以及低温（Cool）的环境。这是保证农产品流通质量的基本要求。

（3）储运过程遵循"三T"原则。

"三T"指时间（Time）、温度（Temperature）、耐藏性（Tolerance）。对每一种冻结食品而言，在一定的温度下，食品所发生的质量下降与所经历的时间存在着确定的关系，大多数冷冻食品的质量稳定性随着食品温度的降低而呈指数关系增大；冻结食品在储运过程中，因时间和温度的经历而引起的质量降低是累积的，并且是不可逆的，但与所经历的顺序无关。

（4）作业过程遵循"三Q"原则。

"三Q"即冷链中设备的数量（Quantity）和质量（Quality）标准的协调，以及快速的（Quick）作业组织。冷链中设备数量（能力）和质量标准的协调能够保证农产品总是处在适宜的环境（温度、湿度、气体成分、卫生、包装）之中，并能提高各项设备的利用率。因此，产销部门的预冷站、各种冷库、运输工具等，都要按照农产品物流的客观需要，互相协调发展。快速的作业组织是指加工部门的生产过程、经营者的货源组织、运输部门的车辆准备与途中服务、换装作业的衔接、销售部门的库容准备等均应快速组织并协调配合。

（5）货物交接遵循"终端质量检测"原则。

为了保证冷链物流质量，必须根据技术标准，对生鲜农产品以及冷链物流过程的质量进行检验，严格把关，以保证生鲜农产品的早期品质，防止不合格的农产品转入下一个物流环节。质量检验的目的不仅要挑出不合格的农产品，还要收集和积累大量反映冷链物流质量状况的数据信息，为改进质量、加强质量管理提供依据。

课后练习

一、选择题

1. 从果蔬类冷链物流运作角度来看，（　　）是整个冷链物流运作的关键。
   A. 运输与仓储　　B. 配送与运输　　C. 运输　　D. 仓储

2. 夏晖物流是典型的（　　）冷链物流运作模式。
   A. 第一方　　B. 第二方　　C. 第三方　　D. 第四方

3. 物流公司整合自有物流资源，建立多家便利店以控制销售终端，进而建设物流配送中心，实现冷链物流向原料供应商的延伸，形成"产供销一体化"。这属于（　　）冷链物流运作模式。
   A. 第一方　　B. 第二方　　C. 第三方　　D. 第四方

4. 冷链物流市场上从事交易活动的组织和个人属于（　　）。
   A. 市场主体　　B. 市场客体　　C. 市场体系　　D. 市场行为

5. 物流冷链市场上各种有形商品、无形商品和各种服务属于（　　）。
   A. 市场主体　　B. 市场客体　　C. 市场体系　　D. 市场行为

6. 冷链物流企业根据自身的实力，为占据较佳的市场位置，不惜与市场上占支配地位的、实力最强或较强的竞争对手发生正面竞争，以使自己的产品进入与对手相同的市场位置，这种定位策略属于（　　）。
   A. 迎头定位　　B. 创新定位　　C. 重新定位　　D. 多重定位

7. 冷链物流企业寻找新的尚未被占领但有潜在市场需求的位置，填补市场上的空缺，生产市场上没有的、具备某种特色的冷链物流产品，这种定位策略属于（　　）。
   A. 迎头定位　　B. 创新定位　　C. 重新定位　　D. 多重定位

8. 冷链物流市场包括（　　）几个部分。
   A. 市场主体　　B. 市场客体　　C. 市场体系　　D. 市场活动

9. 冷链物流市场研究主要包括（　　）、市场调查、市场预测。
   A. 市场分析　　B. 市场运作　　C. 市场营销　　D. 市场活动

10. 我国对冷链物流越来越重视，从政策、资金、税收、运输等各方面为冷链物流创造了（　　）等优越条件。
    A. 税收减免　　B. 财政补贴　　C. 资金扶持　　D. 运输绿色通道

二、思考题

1. 查找资料，世界上冷链物流质量管理最严格的国家有哪些？它们是怎样进行质量管理的？

2. 近年来，我国各地频频出现食品安全事故。从冷链物流质量管理的角度，应该怎样解决这个问题？

三、实训操作题

将学生分为5个小组，小组自行选出小组长，利用课余时间对周边冷链物流企业进行现场调查，调查的内容包括冷链物流企业的机构设置、企业运营、员工管理、产品质量管理等，并写出调查报告。

四、案例分析

2016年食品安全事件回顾

2016年1月份由国家食品药品监督管理总局爆出的食品安全事件：35家餐企食品检出罂粟壳成分。国家食品药品监督管理总局在组织开展打击食品违法添加执法行动中，发现35家餐饮服务单位经营的食品中含有罂粟碱、吗啡、可待因、那可丁、蒂巴因等罂粟壳成分，存在涉嫌违法添加行为。

最为大众所关注的是2016年央视"3.15"晚会爆出的网络订餐平台"饿了么"合作的无证经营黑心作坊。厨师将手指伸进锅里沾汤汁，老板娘用牙咬开火腿肠放到炒饭中，一时间网络订餐平台"饿了么"黑作坊食品安全事件被推到风口浪尖。

2016年5月23日，一位杭州的年轻人食用一碗馄饨后中毒。原因是混沌中含有大量亚硝酸盐。亚硝酸盐作为发色剂和防腐剂存在各种加工肉制品中，如我们经常吃的火腿肠、腊肉、腊肠、熏肉、培根等。大量的亚硝酸盐被血液吸收后，可使正常的血红蛋白（二价铁）变成变性血红蛋白（三价铁），从而失去携带氧气的功能，出现组织缺氧现象；亚硝酸盐还可与蛋白质代谢的中间产物发生反应，生成致癌物亚硝胺。权威机构发布：食入 $0.3\sim0.5$ g 的亚硝酸盐即可引起中毒甚至死亡。

2016年8月湖北武汉汉阳一家汽水包子店老板因生产"有毒汽水包"引发食品安全问题。含有铝的"汽水包"之所以被称为"有毒汽水包"，是因为这种含铝的包子吃多了会导致人体记忆力减退、智力下降并引发骨质疏松等疾病。

2016年9月9日，北京市食品药品监督管理局第四次约谈饿了么、美团外卖、百度外卖等几大外卖平台。时隔半年，这些网络订餐平台依旧被曝合作餐馆存在套牌营业执照、套牌卫生许可证、傍名牌、无证经营、卫生不达标，采用竞价排名成为销售冠军等恶劣行径。

2016年，发生在我国境内的食品安全问题依然集中在餐饮服务行业。传统餐饮业添加明令禁止的对人体有害的物质或过量使用食品添加剂引发食品安全事件。另外一个值得注意的是网络订餐平台问题暴露出政府相关食品安全检测机构对网络订餐第三方交易平台缺乏监管、网络订餐平台对合作餐馆资质审核存在严重纰漏。

案例思考：
1. 查找资料，食品安全事故与食品质量保障有何联系？
2. 怎样切实保障我国食品质量？

第八章

生鲜冷链物流操作规范

知识目标

掌握肉类、果蔬、水产品冷链物流操作基本要求。

技能目标

能准确地掌握生鲜冷链物流操作规范；
能够熟练运用冷链操作规范指导工作。

职业能力目标

具有吃苦耐劳、刻苦钻研、团结协作的优秀品质；
具有规范及安全操作的能力；
具有灵活运用所学知识解决实际问题的能力。

第一节 肉与肉制品冷链物流操作规范

2015年，我国肉制品总产量为8 625万t，猪肉产量5 487万t，牛肉产量700万t，羊肉产量441万t，禽肉产量1 826万t，其他肉产量171 t；禽蛋产量2 999万t。肉制品潜在冷链物流总额为4 916.25亿元。肉制品的冷链流通率是34%，其中冷藏肉占75%，冷冻肉占20%。我国低温肉制品仅占肉制品的33%，对比欧美、日本等发达国家的90%，低温肉制品将是未来的趋势。

一、肉与肉制品冷链物流的基本概念

肉与肉制品冷链物流是肉与肉制品在温度控制的物流网从供应地向接收地实体流动的过程。它根据实际需要，将运输、仓储、配送、交接等基本功能有机结合。

二、肉与肉制品冷链物流操作的基本原则

(1) 应保证肉与肉制品的运输、仓储、配送、交接等过程均在规定的温度要求下进行。

(2) 应有防止温度变化影响肉与肉制品质量的控制措施。

(3) 服务过程应满足时效性要求，各个环节的操作应在规定的时间内完成。

(4) 肉与肉制品温度检测方法应符合 GB/T 28843—2012 中附录 A 的规定。

(5) 在运输、仓储、配送、交接等过程中应采用温度记录设备和温度检测工具进行温度监控和记录，必要时，应对湿度进行监控；作业过程中，应进行必要的产品温度和质量的查验与交接。

(6) 对于不同肉与肉制品的记录，应规定保存时间，保存期限不得少于产品保质期满后 6 个月；没有明确保质期的，保存期限不得少于 2 年。

(7) 应建立符合肉与肉制品冷链物流要求的管理体系文件，应按照规定的程序进行控制和实施，保证各类载体文件的有效。

三、肉与肉制品冷链物流操作的基本要求

(一) 管理制度

(1) 应建立保障肉与肉制品运输、仓储、配送、交接等各环节温度的制度文件。

(2) 应建立有效控制风险的措施。

(3) 应建立重大事故及险情报告制度。

(4) 应建立应急救援现场组织预案。

(5) 应建立肉与肉制品运输、仓储、配送、交接等环节的交接制度。

(二) 人员

(1) 直接接触肉与肉制品的工作人员应持有有效的食品行业健康证明。

(2) 从事肉与肉制品冷链服务各环节工作的人员，应接受肉与肉制品运输、仓储、配送、交接、检验及突发状况应急处理等相关知识和技能培训，并经考核合格。

(三) 设施设备

(1) 应具有与肉与肉制品冷链温控要求相适应的运输、仓储、配送、交接等设施设备。

(2) 肉与肉制品的运输应使用温控运输设备。

(3) 运输工具厢体应配备温度自动记录装置并运行正常。

(4) 封闭式月台温度应保持在 5~10 ℃，并具备配套的制冷系统或保温条件的缓冲间。

(5) 冷库应配备自动监测、自动调控、自动记录及报警装置。温（湿）度自动监测布点应经过验证，监测（记录）的温（湿）度应符合标准要求。

(6) 计量器具应定期校验并有检定证明。

(7) 当有带板运输时，宜使用 1.2×1.1 m 托盘。

(四) 信息系统

(1) 应建立仓储、运输、设备等信息管理系统。

(2) 信息管理系统应具备监控、查询、报警、追溯等功能，并与上下游实现共享。

四、肉与肉制品冷链物流操作的流程

（一）生产仓储

冷藏的肉与肉制品入库时温度为 0~4 ℃，冷藏间温度为 0~4 ℃；冷冻肉品入库时温度为 -18 ℃以下，冷冻间温度为 -18±1 ℃。

（二）运输

（1）应根据肉与肉制品的类型、特性、运输季节、运输距离的要求选择不同的运输工具和配送线路。

（2）装车前，保持车辆清洁卫生；运输前车辆应进行清洗消毒，并符合相关规定；装载时冷冻肉与肉制品温度应达到 -15 ℃或达到双方约定的收货温度；同时，装车前车厢温度宜预冷至 -10 ℃；冷藏肉与肉制品的车厢温度应预冷至 7 ℃以下时方可装运。

（3）装车过程宜使用物流工具，确保在较短时间内装车完毕。

（4）散装生、熟肉品，易串味肉品等不能混装于同一托盘、同一车辆，含有独立包装的预包装肉与肉制品可采用物理隔离等方法装载于同一车辆内。

（5）装车完成后，根据肉品运输要求设置车厢的制冷温度，确认制冷机组正常运转后，依指定路线配送。

（6）运输过程中制冷系统应保持正常运转状态，全程温度应控制在指定的温度范围内。冷藏设备的温度记录间隔时间每次不应超过 1 h。冷藏设备温度偏离设定范围时，应予以纠正。

（7）冷藏肉与肉制品的运输作业应符合 GB/T 24616—2009 中的相关规定，冷冻肉与肉制品的运输作业应符合 GB/T 24617—2009 中的相关规定。冷藏肉与肉制品在运输过程中厢体内温度应保持在 0~4 ℃，产品温度应保持在 0~4 ℃；冷冻肉与肉制品在运输过程中厢体内温度应保持在 -18 ℃以下，厢体内温度最高允许升到 -15 ℃，产品温度保持在 -15 ℃或更低的温度。

（三）分拨仓储

（1）肉与肉制品到货时，应对其运输方式及运输过程的温度记录、运输时间等质量控制状况进行重点检查和记录。到货冷冻肉与肉制品温度高于 -15 ℃或高于双方约定的最高接受温度时，冷藏肉品高于 4 ℃或高于双方约定的最高接受温度时，收货方应及时通知货主，双方按合同约定协商处理。

（2）经检验合格的肉与肉制品才能入库储藏，并依据进货信息和随货清单做好记录。

（3）冷藏、冷冻肉品储存作业应分别符合 GB/T 24616—2009、GB/T 24617—2009 的规定，管理应符合 GB/T 21735—2008 的规定。

（4）肉与肉制品堆码应按照分区、分类、按生产批次和温度等进行管理。

（5）肉与肉制品堆码应符合 GB/T 30134—2013 的规定，堆放高度以纸箱受压不变形为宜，散装货物堆放高度不宜高于冷风机下端部位。

（6）冷库温度波动幅度不应超过 ±1 ℃；在肉与肉制品出入库时，库房温度升高不应超过 3 ℃。温度的测定按 GB/T 9829—2008 的规定执行。

（7）冷库温度记录间隔时间每次不应超过 2 h，温度偏离设定范围时，应采取纠正行动。

（四）配送

（1）肉与肉制品出货前应确认包装是否良好，装卸过程中不应损坏其外包装。

（2）肉与肉制品的出货暂存区的温度要求在 5~10 ℃，暂存时间不得超过 1 h。

（3）肉与肉制品出库和装车、卸车的速度应在规定的时间内完成，使用的方法应以产品温度上升不超过 3 ℃ 为宜。

（五）交接

（1）肉与肉制品交接过程应保持作业环境温度符合相关标准规定。

（2）应根据合同标注或标准要求在规定的时间、地点进行交接，交接内容包括但不限于以下项目：产品出入库时间、品类、数量、产品温度、运输厢体温度、生产日期、保质期、贮藏条件、产品内外包装标准及车厢内卫生状况，并经双方签字确认。

（3）交接发生异议时，应在保证肉与肉制品质量安全的条件下，按照合同规定及时处理。

（4）应保留交接过程中所有涉及的可追溯的记录单据，追溯信息应符合 GB/T 28843—2012 的规定。

（六）不合格品处理

在运输、仓储、配送、交接等过程中发生的或可能发生的肉与肉制品质量受到影响的，应进行不合格品处理。

（七）包装与标识

（1）冷藏肉与肉制品的运输包装与标志应符合 GB/T 24616—2009 中的相关规定。

（2）冷冻肉与肉制品的运输包装与标志应符合 GB/T 24617—2009 中的相关规定。

（3）进入食品零售市场销售的肉与肉制品宜进行预包装，包装标识应符合 GB 7718 的要求。

（4）肉与肉制品的外包装应有明显标识，应标明货物批次等。

第二节　果蔬冷链物流操作规范

一、果蔬冷链物流的概念

果蔬冷链物流是指果蔬在从采摘、贮藏、运输、销售到消费者的各个环节中始终处于规定的温度环境下，以保证果蔬的质量、减少果蔬损耗的物流活动。

二、货品包装与标识

（一）货品包装

（1）果蔬内包装材料应无毒、清洁、无污染、无异味，保证果蔬干净卫生。

（2）果蔬内包装应具有一定的通透性。

（3）对于不耐压的果蔬，包装时应在包装容器内加支撑物或衬垫物。新鲜果蔬包装内的支撑物和衬垫物的作用见表 8-1。

表 8-1 新鲜果蔬包装内的支撑物和衬垫物

种类	作用
纸	衬垫，缓冲挤压，保洁，减少失水
纸托盘、塑料托盘、泡沫塑料盘	衬垫，分离果蔬，减少碰撞
瓦楞插板	分离果蔬，增大支撑强度
泡沫塑料网或网套	衬垫，减少碰撞，缓冲震动
塑料薄膜袋	控制失水和呼吸
塑料薄膜	保护果蔬，控制失水

（4）果蔬外包装容器应具备足够的机械强度，保护货品在装卸、运输和码放过程中免受损伤。

（5）果蔬外包装的尺寸应符合 GB/T 2934—2007 托盘标准（1×1.2 m）的模数要求。

（6）果蔬外包装容器应有防潮性及应具有清洁、无污染、无异味、无有毒化学物质、内壁光滑、美观、重量轻、成本低等特点。新鲜果蔬外包装材料的种类及适用范围见表 8-2。

表 8-2 新鲜果蔬外包装材料

种类	材料	适用范围
物流篮塑料箱	聚乙烯、聚丙烯	适用于任何果蔬
纸箱	瓦楞纸板	适用于任何果蔬
纸袋	具有一定强度的纸张	装果量通常不超过 2 kg
纸盒	具有一定强度的纸张	适用于易受机械伤的果蔬
木箱	木质	适用于较不易受损的果蔬

（7）水果应按品种、等级和成熟度分类进行包装。

（二）货品标识

（1）每一包装上应清楚标明以下货品信息，且标签上的字迹应当清晰、完整、准确：a）品名；b）产地；c）商标；d）净重或数量；e）规格（等级）；f）保存条件；g）保存期限；h）生产企业名称、地址和电话；i）生产日期。

（2）储运包装标识应符合 GB/T 191—2008 的规定。

三、储存

（一）入库

（1）长期保鲜储存的果蔬应先进行预冷。

（2）根据新鲜蔬菜的种类，可采用水冷预冷、强制通风预冷、真空预冷、压差预冷等方式预冷；新鲜水果则应采用强制通风预冷、压差预冷等方式预冷。

（3）预冷温度的选择依果蔬种类而异。多数果蔬可预冷至适当的储存温度，部分对冷害敏感的作物，预冷终点须设定在冷害临界温度以上。

(4) 入库前库房温度宜预先降至略低于货品储藏要求的温度。
(5) 预冷后的果蔬应快速入库。
(6) 储藏库温湿度参数应根据果蔬种类的储存要求，按照 DB12/T 560—2015 的规定执行。

（二）储存码放

(1) 库内码放时应保证空气均匀流通。
(2) 码放时应按照品种、规格、产地、成熟度、加工程度分库码放。
(3) 易造成交叉污染的果蔬应单独码放并挂牌标识。
(4) 货品码放托盘间应有空隙，货品不能紧靠墙壁、屋顶或与地面直接接触。
(5) 入库后应及时对货位标签和平面货位图进行记录。
(6) 应预留人行通道及出入库通道。
(7) 至少每周两次检查储藏库中果蔬的状况，并及时剔除不合格货品，防止交叉污染。
(8) 禁止与有毒、有害、有异味、有腐蚀性、易污染的货品混合码放。
(9) 对温度、湿度要求差异大的产品和对乙烯敏感的产品不应混放。
(10) 储存期间，应适当通风换气，排除乙烯等有害气体。
(11) 储存过程中，不要频繁打开外包装和内包装。
(12) 若果蔬长期储存于气调库，储存期间不应开门。

（三）储存记录

(1) 建立温度及湿度控制方法与基准，视需求随时检查和记录。
(2) 仓储应有存量记录，货品出库应有出货记录，内容应包括但不限于：批号、保鲜期、出入库时间、库房位置号、出入库单位、数量等，以对应盘点需求。
(3) 每批货品应有出入库检验记录。
(4) 各项记录保存期限宜参照 DB12/T 565—2015 的要求。

（四）出库

(1) 出库应按照"货品先进先出"和"货品保质期先到先出"的原则，并进行记录。
(2) 装载作业区内任何处理作业应在符合货品保存温度或于 15 ℃ 以下场所迅速进行。
(3) 果蔬在装卸及运输配送时，货品温度应按照 DB12/T 560—2015 的规定执行。

四、运输

（一）运输车辆选取

(1) 建立运输车辆及车厢的维修及检验制度，至少半年进行一次。
(2) 用于输送、装卸的设备及用具应保持清洁。
(3) 装载前应检查车辆及运输装备，确认制冷系统和除霜系统运转正常，确认车厢内无结露产生。

（二）车辆预冷

运输前车厢应进行预冷处理，使车厢温度达到货品所需的运输温度。

（三）装载

(1) 装载作业区的作业时间、能量消耗、温度及湿度均应有控制措施。

（2）待运时，应批次分明、码放整齐、环境清洁、通风良好。

（3）装载作业因故中断时，车厢门应保持关闭，且制冷系统应保持运转。

（4）运输时严禁与有毒、有害、有异味、有腐蚀性、易污染的货品混装混运。

（5）易于产生乙烯气体的果蔬不应混放（装）于同一车厢（船舱）里；对于使用过的车厢，装载前应清除可能残留的乙烯气体。

（四）厢内摆置

（1）运输车厢同一空间不得码放不同温度要求或可能造成交叉污染的货品。

（2）果蔬应与运输车厢四壁有适当的空间，并保持码放稳固。

（3）低温敏感的果蔬，应避免紧靠机械冷藏车的出风口或是加冰冷藏车的冰箱档板。

（4）车厢货品应按照"先卸后上"与"重下轻上"的原则码放。

（五）运输过程

（1）运输过程中货品应防止挤压、防止水淋、防止受潮、防止曝晒、防止污染。

（2）运输时应保持车厢内温度均匀，每件货品均可接触到冷空气。

（3）运输配送期间，车厢门闭开频率应降至最低。

（4）运输过程中应至少每 10 min 监测记录一次车厢内温度，超出允许的波动范围应有警示，并按货主与承运方的协议规定及时处理。

（六）运输记录

（1）建立温度控制方法与基准，并及时、准确地进行记录。

（2）果蔬的温度在装卸货前均应加以检测及记录。

（3）司机需携带手持终端设备或纸质记录表，随时记录送货与交货状况。

（4）承运方应保留装卸货的时间记录、车厢温度记录、运输配送期间制冷系统的运转时间记录。

（5）长途运输期间应对果蔬的温度进行抽测；测试应在低温的环境下进行，且车厢门应保持关闭。

（七）卸货

（1）卸货作业区的任何处理作业应迅速，应于 15 ℃ 以下场所进行。

（2）卸货时应轻搬、轻放，不得任意摔掷。

（3）卸货作业因故中断时，车厢门应保持关闭，且制冷系统应保持运转。

（八）交货验收

（1）交货时按照合约在规定的时间、地点交货，并对数量和温度进行核对检查。

（2）货品温度的检测应依据果蔬冷链物流操作规范的规定执行；或者由货主与承运方或承运方与验收人员共同决定。

（3）查验货品外观是否因温度影响而产生变化。

（4）须保留货品在运输过程中的温度、到达目的地后的等待装卸时间和可追溯的温度等记录。

（5）交货有异议时，应在保证货品安全的条件下，按照合约规定及时处理。

（6）货品验收后，应迅速移入低温储存设备或空间内。

五、展售

(一) 展售容器

(1) 应配备符合展售温湿度要求的展售柜，其温湿度要求应符合果蔬冷链物流操作规范的规定。
(2) 展售柜应保持清洁，并安装温度显示器。
(3) 展售柜内应备有冷风循环系统，货架或隔板应有足够的间隙。
(4) 展售柜应具备除霜功能。
(5) 展售柜应清楚标注最大装载线。
(6) 展售柜应安装温度异常警示器。
(7) 展售柜不可设置于通风口、阳光直接照射和热源处。

(二) 展售条件

(1) 内包装材料应无毒、清洁、无污染、无异味，保证果蔬干净卫生。
(2) 低温货品展售商应建立有关的展售柜操作及维护程序，作业人员应依照作业程序操作。
(3) 温度应符合果蔬冷链物流操作规范的规定。

(三) 展售过程要求

(1) 保持环境清洁。
(2) 防止果蔬间交叉污染，具有强烈刺激性气味的果蔬应单独放置。
(3) 在货架上堆积时应避免果蔬变形，较软、易变形的果蔬应置于表层。
(4) 上架时按照"货品先进先出"和"货品保质期先到先出"的原则合理安排货位。
(5) 货品质量不合格的果蔬应及时下架。
(6) 应正确完整记录展售柜的温度。
(7) 温度检测不应在除霜期间进行，除霜时段应在展售柜上标注。
(8) 展售柜的温度计应每年至少委托具有认证认可检测能力的机构进行校准一次，并保留校准记录（证书、标签）。
(9) 展售柜有货品码放时，不应切断电源。

第三节 水产品冷链物流操作

一、水产品冷链物流的概念

水产品冷链物流指的是水产品在从生产、流通、销售到消费者的各个环节中始终处于规定的温度环境下，以保证水产品的质量、减少水产品损耗的物流活动。

二、货品包装与标识

(一) 货品包装

(1) 进入零售市场销售的低温水产品应进行预包装。

（2）内包装材料应无毒无害，应采用质料紧密且能隔绝水气（湿气）与油浸的材料。

（3）内包装应完整，且不得使用金属材料钉封或橡皮圈等物来固定包装袋封口；内包装材料薄膜不得重复使用。

（4）水产品的包装盒内应有合适的衬垫，单独包装的水产品可无衬垫。

（5）用于货品外包装的容器，如塑料箱、纸箱等应按照货品的大小规格设计，应整洁、干燥、牢固、透气、无污染、无异味、无毒无害、内壁无尖突物、无虫蛀、无腐烂霉变等，纸箱无受潮、离层现象。

（6）包装材料间干燥通风，内、外包装分别码放，内包装材料应放于货架上，并加盖防尘设施。

（7）包装材料及包装方式应确保水产品在正常储存、运输、销售过程中不发生变质或遭受外界污染。

（二）货品标识

（1）包装上应清楚标明以下货品信息，且标签上的字迹应当清晰、完整、准确：a）品名；b）原料名称及原产地；c）净重或数量：以千克（或数量）为单位，清楚标识；d）保存条件：标明"冷藏4℃以下"或"冷冻-18℃以下"；e）保存期限；f）生产企业的名称、地址及电话；g）委托加工的货品须标注受委托生产厂商与委托者的名称、地址及电话；h）工厂的名称、地址及电话；i）使用注意事项。

（2）标签上应清楚注明货品为养殖或捕捞，以及货品来自的水域。

三、储存

（一）入库

（1）水产品入库前应先进行预冷。

（2）预冷后的水产品应快速入库。

（二）储存码放

（1）库内码放时应保证空气均匀流通。

（2）码放时应按照品种、规格、加工程度分库码放。

（3）入库后应及时对货位标签和平面货位图进行记录。

（4）货品码放托盘间应有空隙，货品不能紧靠墙壁、屋顶或与地面直接接触，并应符合 GB/T 30134—2013 的规定。

（5）应预留人行通道及出入库通道。

（6）逾期或腐败的货品至少每个月应汇集整理一次，并退还供货商处理。

（7）禁止与有毒、有害、有异味、有腐蚀性、易污染的货品混合码放。

（三）储存记录

（1）建立温度及湿度控制方法与基准，视需求随时检查和记录。

（2）仓储应有存量记录，货品出库应有出货记录，内容应包括但不限于：加工批号、保质期、出入库时间、库房位置号、出入库单位、数量等，以对应盘点需求。

（3）每批货品应有出入库检验记录。

(四) 出库

(1) 出库应按照"货品先进先出"和"货品保质期先到先出"的原则，并进行记录。
(2) 装载作业区内任何处理作业应在符合货品保存温度或于 15 ℃ 以下场所迅速进行。
(3) 水产品在装卸及运输配送时，货品温度应按照水产品冷链操作规范予以保存。

四、运输

(一) 运输车辆选取

(1) 车辆的选取应符合 DB12/T 558—2015 的要求。
(2) 建立运输车辆及车厢的维修及检验制度，至少半年进行一次。
(3) 用于输送、装卸的设备及用具应保持清洁。
(4) 装载前应检查车辆及运输装备，确认制冷系统和除霜系统运转正常，确认车厢内无结露产生。

(二) 车辆预冷

(1) 运输前车厢应进行预冷处理，使车厢温度达到货品所需的运输温度。
(2) 冷藏水产品运输车厢内的冷风温度应先预冷至 4 ℃ 以下或达到双方商定的预冷温度。
(3) 冷冻水产品运输车厢内的冷风温度应先预冷至 −18 ℃ 以下或达到双方商定的预冷温度。

(三) 装载

(1) 装载作业区的作业时间、能量消耗、温度及湿度均应有控制措施。
(2) 待运时，应批次分明、码放整齐、环境清洁、通风良好。
(3) 装载作业因故中断时，车厢门应保持关闭，且制冷系统应保持运转。
(4) 运输时严禁与有毒、有害、有异味、有腐蚀性、易污染的货品混装混运。

(四) 厢内摆置

(1) 运输车厢同一空间不得码放不同温度要求或可能造成交叉污染的货品。
(2) 水产品应与运输车厢四壁有适当的空间，并保持码放稳固。
(3) 使用保冷箱装运水产品时，箱内应放置足够的蓄冷器以保持温度。
(4) 车厢货品应按照"先卸后上"与"重下轻上"的原则码放。

(五) 运输过程

(1) 运输过程中货品应防止挤压、防止水淋、防止受潮、防止曝晒、防止污染。
(2) 运输时应保持车厢内温度均匀，每件货品均可接触到冷空气。
(3) 运输配送期间，车厢门闭开频率应降至最低。
(4) 运输过程中禁止打开容器或货品包装。
(5) 用于盛装未包装的已处理生鲜水产品的容器，应避免融化的冰水与水产品直接接触。
(6) 运输过程中应至少每 10 min 监测记录一次车厢内温度，超出允许的波动范围应有警示，按货主与承运方的协议规定及时处理，并符合 DB12/T 564—2015 中 7.4 款的相关要求。

（六）运输记录

（1）建立温度控制方法与基准，并及时、准确进行记录。

（2）水产品的温度在装卸货前均应加以检测及记录。

（3）司机需携带手持终端设备或纸质记录表，随时记录送货与交货状况。

（4）承运方应保留装卸货的时间记录、车厢温度记录、运输配送期间制冷系统的运转时间记录。

（5）长途运输期间应对水产品的温度进行抽测；测试应在低温的环境下进行，且车厢门应保持关闭。

（七）卸货

（1）卸货作业区的任何处理作业应迅速，应于15℃以下场所进行，并且货品温度应符合 DB12/T 560—2015 的要求。

（2）冷冻水产品在装卸及运输配送时，货品温度应保持在 -18℃以下；冷藏水产品应保持在4℃以下、冻结点以上。

（3）卸货时应轻搬、轻放，不得任意摔掷。

（4）卸货应配备封闭式站台，水产品及其制品不应落地，且不应滞留于常温下。

（5）卸货作业因故中断时，车厢门应保持关闭，且制冷系统应保持运转。

（八）交货验收

（1）交货时按照合约在规定的时间、地点交货，并对数量和温度进行核对检查。

（2）货品温度的检测依据 DB12/T 560—2015 的温度测量方法执行；或者由货主与承运方或承运方与验收人员共同决定。

（3）查验货品外观是否因温度影响而产生变化。

（4）须保留货品在运输过程中的温度、到达目的地后的等待装卸时间和可追溯的温度等记录。

（5）交货有异议时，应在保证货品安全的条件下，按照合约规定及时处理。

（6）货品验收后，应迅速移入低温储存设备或空间内。

五、展售

（一）展售容器

（1）应配备符合展售温湿度要求的展售柜，其温湿度要求见 DB12/T 560—2015。

（2）展售柜应保持清洁，并安装温度显示器。

（3）展售柜内应备有冷风循环系统，货架或隔板应有足够的间隙。

（4）展售柜应具备除霜功能。

（5）展售柜应清楚标注最大装载线。

（6）展售柜应安装温度异常警示器。

（7）展售柜不可设置于通风口、阳光直接照射和热源处。

（二）展售条件

（1）进入零售市场销售的水产品应进行预包装，禁止无包装销售。

（2）内包装采用塑料包装，应符合 GB/T 4456—2008、GB 9687、GB 9688 的要求。

(3) 冷冻货品与冷藏货品应依不同的温度条件分开码放。

(4) 低温货品展售商应建立有关的展售柜操作及维护程序，作业人员应依照作业程序操作。

(5) 销售的水产品应经过检验并具有产品合格证。

(6) 温度应符合 DB12/T 560 的要求。

（三）展售过程要求

(1) 保持环境清洁。

(2) 以冰藏方式陈列、贩卖的水产品，应使用符合饮用水水质标准的冰块。

(3) 上架时按照"货品先进先出"和"货品保质期先到先出"的原则合理安排货位。

(4) 售价标注作业应在不影响水产品温度的环境下进行。

(5) 水产品不得置于低温柜的最大装载线以外的区域。

(6) 应正确完整记录展售柜的温度。

(7) 温度检测不应在除霜期间进行，除霜时段应在展售柜上标注。

(8) 展售柜温度计应每年至少委托具有认证认可检测能力的机构进行校准一次，并保留校准记录（证书、标签）。

(9) 货品质量不合格的水产品应及时下架。

(10) 货品外包装袋破裂时不得出售。

(11) 展售柜有货品码放时，不应切断电源。

(12) 展售柜发生故障或电源中断时，应停止销售，并采用保护措施；展售货品有解冻现象时，不得销售。

(13) 应建立货品召回制度，当该批水产品发生问题时，应立即下架并停止销售。

(14) 不合格货品或逾期的货品应每周汇集整理，并退还供货商及时处理。

课后练习

一、选择题

1. 肉与肉制品的出货暂存区的温度要求在（　　），暂存时间不得超过（　　）。
   A. 5~10 ℃, 1 h　　　　　　　　B. 5~10 ℃, 0.5 h
   C. 0~10 ℃, 1 h　　　　　　　　D. 4~10 ℃, 1 h

2. 果蔬入库前库房温度宜预先降至（　　）货品储藏要求的温度。
   A. 低于　　　　B. 高于　　　　C. 等于　　　　D. 略低于

3. 水产品进入零售市场时，销售的低温水产品应进行（　　）。
   A. 预冷　　　　B. 预包装　　　　C. 包装　　　　D. 冷藏

4. 水产品卸货应于（　　）以下场所进行。
   A. 0 ℃　　　　B. 4 ℃　　　　C. －15 ℃　　　　D. －18 ℃

5. 水产品在上架时按照"（　　）"和"（　　）"的原则合理安排货位。
   A. 货品先进先出　　　　　　　　B. 货品保质期先到先出
   C. 货品先进后出　　　　　　　　D. 货品后进后出

二、思考题

1. 肉和肉制品的冷链物流操作规范有哪些？

2. 生鲜果蔬冷链物流操作规范有哪些？
3. 水产品冷链物流操作规范有哪些？

三、实训操作题

荔枝是广西产量最大的热带果品之一，也是一种娇果，难保存，易变质，运销风险极大，这也为荔枝的市场推广增加了难度。目前，广西的荔枝主要运往上海、北京、武汉等大城市，较少运往中小城市、乡镇市场，而且经过运输的荔枝品质与原产地的相差甚远。请您就荔枝物流的现状和存在问题进行系统的分析，并提出相应的荔枝冷链物流操作方案。

四、案例分析

猕猴桃冷库贮藏保鲜技术规程

一、有关定义

本规程所涉及的名词采用下列定义：

采收成熟度：贮藏、加工、运输时猕猴桃果实适宜采摘的成熟程度。

后熟：猕猴桃采收时未完全成熟，在一定的温度和气体环境中存放一段时间，营养转化，达到可食用程度的过程。

田间热：采收的猕猴桃从田间带入冷库的热量。

冷库：用机械制冷保持稳定低温用来贮藏果品、蔬菜及其他食品的仓库。

结露：指物体表面温度低于附近空气露点温度时物体表面出现冷凝水的现象。

二、操作工序

猕猴桃机械冷库贮藏保鲜采取了以下11个操作工序：

冷库准备→选择适贮品种→确定采收期→采前处理→采收→短途运输→预冷→挑选、分级、包装→入库堆垛→贮期管理→确定贮藏期限。

三、贮藏保鲜

（一）冷库准备

（1）库体及设备安全检查：提前1个月对库体的保温、密封性能进行检查维护，对电路、水路和制冷设备进行维修保养，对库间使用的周转箱、包装物、装卸设备进行检修。

（2）消毒灭菌：果品入库前冷库要进行消毒灭菌，特别是前一年贮藏过其他果品蔬菜的冷库，一定要提前一周消毒灭菌。可选择下述方法：

① 用1%~2%的甲醛水溶液喷洒冷库。

② 按甲醛:高锰酸钾=5:1的比例配制成溶剂，以5 g/m^3的用量熏蒸冷库24~48 h。

③ 用0.5%~1.0%的漂白粉水溶液喷洒冷库或在10%的石灰水中加入1%~2%的硫酸铜配制成溶液刷冷库墙壁，晾干备用。

④ 用10 g/m^3的硫磺粉点燃熏蒸或用5%的仲丁胺按5 mL/m^3熏蒸冷库24~48 h。

⑤ 用0.5%的漂白粉水溶液或0.5%的硫酸铜水溶液刷洗果筐、放果架、彩条布等冷库用具，晒干后备用。

上述③和④方法共用，即刷墙后再熏蒸，灭菌效果更好。熏蒸后的冷库，气味排完后方可贮果。

⑥ 果品入库后可将二氧化氯消毒液原液活化后，盛到容器中，均匀放置4~6个点，让其自然挥发进行库间灭菌，或用噻苯咪唑、腐霉利烟雾剂熏蒸，也可用臭氧发生器产生臭氧

进行库间灭菌。

(3) 提前降温：产品入库前2 d冷库预先降温，到果品入库时库温降至果品贮藏要求的温度。

(4) 人员培训：对冷库管理人员进行技术培训，熟练掌握贮藏技术规程和制冷机械操作保养技术。

(二) 选择适贮品种

(1) 不同品种贮藏能力差异较大，一般来说，美味猕猴桃比中华猕猴桃耐贮藏，硬毛品种比软毛品种耐贮藏，绿肉品种比黄肉红肉品种耐贮藏，晚熟品种比早熟品种耐贮藏。

(2) 美味猕猴桃"海沃德""哑特""金魁""秦美"耐贮藏，"徐香""翠香"长期贮藏能力较差。中华猕猴桃"华优""黄金果""金桃"较耐贮藏，"红阳""西选二号"贮藏能力差。

(3) 同一品种不同的栽培环境、不同的管理水平对贮藏的影响都很大。滥用大果灵的果实不耐贮藏；重施化肥、树体郁闭光照不足的不耐贮藏；超负载挂果及发育不全的果实、黄化果、畸形果不耐贮藏；在同一批果中，中等大小的果实较耐贮藏；在同一树冠的果实中，光照好、着色充分的果实耐贮藏。

(三) 确定采收期

(1) 可溶性固形物含量在6.5%~9%。

(2) 果实硬度达到$7\sim10\ kg/cm^2$（$<7\ kg/cm^2$耐贮性差）。

(3) 果实生长期为：陕西地区"秦美"从盛花期到采收156 d，"哑特"160 d，"海沃德"163 d。

(4) 外观变化：美味猕猴桃果实毛色褐色加深，叶片大部分老化，果梗与枝条离层逐步形成，果易摘下，果肉色泽达到翠绿色或黄亮色；红心品种红色部分着色充分，色度饱满，籽粒充分成熟呈黑褐色。

(5) "秦美""哑特"10月中上旬成熟，"海沃德"10月中下旬成熟；"西选二号""红阳"9月中下旬成熟，"黄金果""金桃""华优"9月底成熟。

(6) 霜降后果实会有轻微弹性，此时采的果不宜长期贮藏，不能补库贮藏。

(四) 采前处理

(1) 做好病虫害防治，疏枝、摘叶、通风、透光等果园管理工作，使果实充分光照着色。

(2) 采前20 d、10 d分别喷0.3%的氯化钙加甲基硫菌灵等广谱性杀菌剂各一次。

(3) 采前10 d终止灌水。

(五) 采收

贮藏所用果实应新鲜、周正、无粉尘污染、无畸形、无日灼、无病虫害及其他损伤，具有该品种固有的色泽，果品质量符合无公害标准规定。

(1) 采收时间：露水干后的早晨或傍晚气温较低时采收为好，尽可能避开雨天、雾天、带露水的清晨进行采收。

(2) 采收技术：采收时，从果梗与果实离层处摘下，装入可盛15 kg左右果实的塑料箱或木筐内。

(3) 采果时剪指甲、戴手套、轻拿轻放,防止机械伤,禁止饮酒采果搬运。

(六) 短途运输

采够一车立即运回预冷,地头堆放不得超过 5 h,从采收到入库不得超过 12 h,转运时防止装载不实、严重振荡。

(七) 预冷

(1) 预冷入库时要严格遵守冷库管理制度,入库的包装干净卫生,入库人员禁止酒后入库或带芳香物入库。选择的入库品种最好单品单库,分级堆放预冷。

(2) 采收的猕猴桃同果筐一块立即运入冷库,在 0 ℃库间预冷;高温天气采收的猕猴桃,若没有充足的预冷间,可在荫棚下散去大量田间热再入库。

(3) 果筐入库后松散堆放,在 0~1 ℃库间预冷 2~3 d,待果实温度接近库存温度后包装、码垛。

(4) 每天入库量不得超过库容的 20%。

(5) 预冷时库间蒸发器冷风直吹的果箱上一定要做透气性覆盖处理。

(八) 挑选、分级、包装

(1) 挑选、分级、包装三项工作最好在冷库内作业。

(2) 挑选:除去小果、烂果、病虫果、伤果、畸形果。

(3) 分级:猕猴桃分级主要按重量分级,同时对果实的形状和果面也进行了要求。分级如下表:

级别 种类	特级	一级	二级	三级	备注
大果型	141~150 g	121~140 g	101~120 g	80~100 g	秦美、哑特、海沃德、华优
中果型	121~140 g	111~120 g	91~110 g	70~90 g	红阳、黄金果
其他外观指标	果面干净、毛色光洁饱满、果型周正、套袋果	果面干净、毛色光洁饱满、果型周正	果型周正、果面无明显果锈和枝磨	果型周正、果面无明显果锈和枝磨	要求各等级通过农残抽检合格

(4) 周转箱使用塑料箱或木筐均可,箱内(或筐内)垫厚度为 0.02~0.03 mm 的高压聚乙烯塑料袋,每箱装果 10 kg 左右,果箱高度应低于 30 cm,防止挤压。在每箱果实的上部放置有充足吸附孔的保鲜剂一袋(用蛭石或珍珠岩作载体浸渍饱和高锰酸钾溶液做成的乙烯吸收剂,每袋保鲜剂重 200 g),最后绑扎塑料袋口。中短期贮藏可不加保鲜袋,采取顶部覆盖和垛周围防护等措施防止果实失水发皱,也可用高强度细瓦楞纸托盘装果后摆放于货架贮藏。

(九) 入库堆垛

果箱分级分批堆放整齐,留开风道,底部垫板高度为 10~15 cm,果箱堆垛距侧墙 10~15 cm,距库顶 80 cm。果箱堆垛要有足够的强度,并且箱和箱上下能够镶套稳定。箱和箱紧靠成垛，垛宽不超过 2 m，果垛距冷风机不小于 1.5 m，垛与垛之间距离大于 30 cm。库内装运通道为 1.0~1.2 m，主风道宽 30~40 cm，小风道宽 5~10 cm。

（十）贮期管理

（1）贮藏温度：0±0.5 ℃，用经过校正的温度计多点放置观察温度（不少于 3 个点），取其平均值。

（2）贮藏湿度：相对湿度为 90%~95%，可采用毛发湿度计或感官测定。感官测定可参考观察在冷库内浸过水的麻袋，三天内不干，表示冷库内相对湿度基本保证在 90% 以上；湿度不足时，立即采用冷库内洒水、机械喷雾、挂湿草帘等方法增加湿度。

（3）气体成分：测塑料袋内气体成分，以氧气浓度 2%~3%、二氧化碳浓度 5%（8% 以上出现障害）、乙烯浓度 <30 μg/L 为好。

（4）通风换气：一般一周冷库换气一次；当袋内氧气 <2%，二氧化碳 >6% 时要及时换气。打开塑料袋口，开动排风扇，打开排风口换气；夜间或清晨进行，雨天、雾天、中午高温时不宜换气。

（5）品质检查：每月抽样调查一次，发现有烂果现象时全面检查，及时除去烂果。

（6）设备安全：配备相应的发电机、蓄水池，保证供电供水系统正常。调整冷风机和送风桶，将冷气均匀吹散到库间，使库内温度相对一致。保证库间密闭，温度稳定，停机 2 h 库温上升不超过 0.5 ℃。减少库间温度变化幅度，防止果实表面结露，防止果实发生冻害。

（十一）确定贮藏期限

（1）贮后果实理化指标：平均果实硬度 ≥1.5 kg/cm^2，硬果率 ≥93%，商品果率 ≥96%。

（2）贮后果实感官标准：外观新鲜，色、香、味、形均好，果蒂鲜亮，不得变暗灰色。

（3）贮藏天数：在机械冷库中，严格按照技术规程，"秦美"可贮藏 150 d 左右，"海沃德""哑特"180 d 左右，"华优"130 d。

四、出库

（1）将果实在缓冲间放置 10~12 h，缓慢升温，在果温与外界温度之差小于 6 ℃ 时出库。

（2）重新装箱、包装、贴标。

五、长途运输

（1）卡车运输：夜间气温降至当日最低时装车。先在车板上铺一层篷布、一层棉被、一层塑料薄膜，再将果箱装车；车装满后，果箱外部包一层塑料薄膜、一层棉被、一层篷布，即将果箱用薄膜、棉被、篷布全部包裹，所用的棉被、篷布均要在使用前预冷，长途运输不得超过 3 昼夜。

（2）冷藏车运输：温度、湿度尽可能与贮期库间条件相一致，可以用在长时期运输。

（3）运输速度要快，尽量减少振荡。到达目的地后如果不能立即出售，可在当地找冷库临时存放。

（4）装卸轻拿轻放，防止机械伤害。

六、货架期管理

（1）冬季气温在 0 ℃ 左右时，可直接摊位销售。

(2) 超市在销售时可将果品放在 0~2 ℃ 的冷橱中。

(3) 货架期为 8~9 d。

七、食前催熟

(1) 在 25 ℃ 的温度条件下放置 7~8 d 可自然软熟。

(2) 用 1 000 mg/L 乙烯利喷果或浸果 2 min 后放置催熟。

(3) 家庭食用猕猴桃时可将果实装在塑料袋中，并在袋内混装 1~2 个苹果，绑扎袋口 3~4 d 便可催熟。

(4) 催熟软化后可溶性固形物达到 15%~17%、果肉硬度为 0.5~0.8 kg/cm^2 时口感最佳。

案例思考：

1. 猕猴桃机械冷库贮藏保鲜采取了哪些操作工序？
2. 查找资料，我国猕猴桃冷链物流的基本情况是什么样的？